DEUS NOS LIVRE!

Dados Internacionais de Catalogação na Publicação (CIP)
(Câmara Brasileira do Livro, SP, Brasil)

Cortella, Mario Sergio, 1954-
　　Deus nos livre! : entusiasmos e desassossegos ligados a Religião, Religiosidade e Espiritualidade / Mario Sergio Cortella. – Petrópolis, RJ : Vozes, 2024.

　　ISBN 978-85-326-6742-7

　　1. Ciência e religião 2. Espiritualidade
3. Filosofia e religião 4. Religiosidade I. Título.

24-194991   CDD-100

Índices para catálogo sistemático:

1. Filosofia   100
Cibele Maria Dias – Bibliotecária – CRB-8/9427

MARIO SERGIO CORTELLA

DEUS NOS LIVRE!

ENTUSIASMOS E
DESASSOSSEGOS
LIGADOS A **RELIGIÃO,
RELIGIOSIDADE E
ESPIRITUALIDADE**

VOZES
NOBILIS

© 2024, Editora Vozes Ltda.
Rua Frei Luís, 100
25689-900 Petrópolis, RJ
www.vozes.com.br
Brasil

Todos os direitos reservados. Nenhuma parte desta obra poderá ser reproduzida ou transmitida por qualquer forma e/ou quaisquer meios (eletrônico ou mecânico, incluindo fotocópia e gravação) ou arquivada em qualquer sistema ou banco de dados sem permissão escrita da editora.

CONSELHO EDITORIAL

Diretor
Volney J. Berkenbrock

Editores
Aline dos Santos Carneiro
Edrian Josué Pasini
Marilac Loraine Oleniki
Welder Lancieri Marchini

Conselheiros
Elói Dionísio Piva
Francisco Morás
Gilberto Gonçalves Garcia
Ludovico Garmus
Teobaldo Heidemann

Secretário executivo
Leonardo A.R.T. dos Santos

PRODUÇÃO EDITORIAL

Aline L.R. de Barros
Marcelo Telles
Mirela de Oliveira
Otaviano M. Cunha
Rafael de Oliveira
Samuel Rezende
Vanessa Luz
Verônica M. Guedes

Conselho de projetos editoriais
Isabelle Theodora R.S. Martins
Luísa Ramos M. Lorenzi
Natália França
Priscilla A.F. Alves

Editor para o autor: Paulo Jebaili
Editoração: Débora Spanamberg Wink
Diagramação: Editora Vozes
Revisão gráfica: Anna Carolina Guimarães
Capa: Érico Lebedenco

ISBN 978-85-326-6742-7

Este livro foi composto e impresso pela Editora Vozes Ltda.

Se não houvesse Deus, não haveria ateus.
G. K. Chesterton

SUMÁRIO

Chegando: Sou uma pessoa religiosa?, 11

1 – *Habemus papam!* Que tal eu?, 17
2 – Religião, religiosidade, espiritualidade: sopros de vida!, 27
3 – A transcendência se mostra..., 37
4 – Força protetora, força cuidadora, 47
5 – Recusa ao desespero, 57
6 – A arte como expressão da espiritualidade, 67
7 – Crer ou descrer é direito?, 77
8 – Religião? Ué, não tinha acabado?, 87
9 – Religiões para gentes, no plural!, 97
10 – Ciência e Religião: convergência e divergência, 107
11 – E se o nada fizer mais sentido?, 117
12 – Sou livre! Somos livres! E agora?, 127
13 – *Ora et labora!*, 137
14 – Como você "ganha" a vida?, 147

Saindo: Na vida, quem parte parte?, 157

CHEGANDO

SOU UMA PESSOA RELIGIOSA?

CHEGANDO

SOU UMA PESSOA RELIGIOSA?

Atualmente, quando me perguntam se eu sou católico, respondo que não. E isso mesmo tendo recebido uma formação católica intensa, que me levou a ingressar numa carreira religiosa, como logo contarei.

Mas a minha resposta negativa hoje tem uma clara razão: para uma pessoa se declarar seguidora de uma religião, ela tem de praticá-la. Sem que haja a prática, essa declaração deixaria de ser genuína. A expressão, ouvida com alguma frequência, "sou católico não praticante" me soa contraditória. A adesão a um grupo de fé comum, partilhada, exige o exercício daquela fé.

Por vezes, algumas pessoas insistem: "Mas você não tem formação católica?" Sim, mas daí a dizer-me católico, entendo como uma ofensa ao mundo católico. Porque é um modo superficial de me colocar numa condição que exige uma dedicação muito mais séria. Se eu respeito o mundo católico – como, de fato, o respeito –, preciso dizer que eu não sou mais participante direto desse grupo.

Dou outro exemplo para reforçar essa ideia. Havia um programa de TV de um canal ligado a uma grande igreja cristã, não católica, transmitido ao vivo, de meia-noite a uma da manhã. Cheguei a participar dele algumas vezes. Numa dessas participações, após o encerramento de um debate, ainda no ar e ao vivo, o pastor-comunicador convidou as pessoas a beberem uma água abençoada. Todos os participantes beberam, menos eu. Já bem próximo do término do programa, o pastor me questionou: "O professor não vai beber água?" Em tom polido, respondi: "Não, porque seria um desrespeito à sua crença. Eu não creio que essa água está abençoada, não é a minha prática e, por isso, se eu o fizer, estarei ofendendo você".

Por que digo isso? Porque o mundo da religião pode ter dissimulações, pode ter uma espetacularização muito forte. E, no meu entender, religião precisa ser autêntica, não pode ser algo que se coloque como uma capa externa. Eu só posso acreditar nas coisas do mundo que são autênticas, que coincidem com elas mesmas.

Assim sendo, qual é a minha crença atualmente? Eu creio numa força que faz com que a vida não seja desconexa ou sem sentido? Sim. Essa força, que tenho dentro de mim como espiritualidade, pode ser chamada de "Deus"?

• Chegando: Sou uma pessoa religiosa? •

Pode. Prefiro, porém, colocar a palavra "Deus" entre aspas, que não são para diminuir nem para relativizar, mas para ampliar o sentido. Porque eu posso falar em "Deus", em "amor", em "energia vital", em "deuses", em "deusas".

Muitas tradições religiosas orientais, por exemplo, não têm uma divindade, e sim forças vitais. Será que eu, Cortella, acredito numa força que se dissemina e da qual eu faça parte? Sim. Será que eu dou a ela o mesmo nome que já dei quando frequentava o mundo católico? Também. Mas dou só esse nome? Não.

Sou, portanto, alguém que tem uma religiosidade intensa, uma inclinação na minha trajetória dentro do mundo cristão católico, mas sem uma religião específica ou exclusiva. Eu tenho amigos e amigas com formas de presença no mundo da religiosidade, assim como convivo com pessoas que não têm nenhum tipo de crença dessa natureza.

Mas, como fé não tem a ver só com religião, eu lido com a questão nessa direção. A minha fé não é específica de uma força sobrenatural. A minha fé não é exclusiva de uma única dimensão da religiosidade.

A minha fé segue a linha de que a vida em geral, e a minha vida em particular, não são meras presenças aleatórias e banais, unicamente subsistentes pela materialidade biológica; se não têm sentido explícito (como significado e direção), é preciso tecer, arquitetar, engendrar, e não desmoronar...

HABEMUS PAPAM! QUE TAL EU?

CAPÍTULO 1
HABEMUS PAPAM! QUE TAL EU?

"Eu vou ser o primeiro papa brasileiro!" Assim eu anunciava o meu futuro aos dez anos de idade. Meus pais e alguns amigos deles repetiam a "profecia", sem disfarçar o tom jocoso: "Ah, esse vai ser o primeiro papa brasileiro". Essa ideia, sobretudo nos anos 1960, soava um bocado exótica, pois até então, por séculos, não houvera um papa que não fosse italiano ou que não fosse europeu – haja vista que só em 2013 o argentino Jorge Mario Bergoglio, o Papa Francisco, tornou-se o primeiro escolhido fora do continente europeu após 600 anos.

Ambições hierárquicas à parte, seguir a carreira no clero era uma possibilidade no meu horizonte. Tive uma formação religiosa densa. Meus pais me criaram na prática do catolicismo romano. Aos dez anos de idade, eu integrava a Cruzada Eucarística, um grupo religioso para crianças e jovens, em Londrina, minha cidade natal. Eu ia todos os domingos à igreja, participava de todas as cerimônias. Em 1967, aos 13 anos, minha família mudou-se para São Paulo e passei a frequentar a Igreja de Santa Terezinha e a fazer leituras durante as missas. Na virada da década de 1960 para a de 1970, a intenção de seguir uma carreira religiosa permanecia viva. Alguns colegas no ensino médio até me chamavam de "Mario Padre", não como *bullying*; era simplesmente um apelido.

A experiência religiosa para mim, durante todo o período da infância e da adolescência, era marcada pela crença. Nunca foi uma adesão simulada. Não seguia por achar que era o desejo dos meus pais. Eu sentia a presença do divino ao vivenciar aquele tipo de relação com o mundo além da matéria.

Aos 18 anos, entrei na universidade para fazer o curso de Filosofia, e a inclinação de ter uma vivência religiosa mais densa se fortaleceu. Eu tinha a necessidade de verificar qual era, de fato, o meu caminho. Intimamente, eu pensava: "Se eu vou experimentar o mundo da religião, tem de ser pelo lado de dentro".

Entrei num convento da Ordem Carmelitana Descalça. Apesar de toda a tradição católica da família, a decisão causou certo espanto e algum nível de apreensão quando comunicada. "Você foi largado? Sofreu alguma decepção amorosa?", "Aconteceu alguma coisa?". Nenhuma dessas hipóteses. Tratava-se de uma escolha de foro íntimo. Eu queria me certificar de que era autêntico naquilo que tinha vislumbrado como uma possível trajetória de vida.

Nas rotinas do convento, todos tínhamos de trabalhar para sobreviver. Eu era incumbido de cuidar das árvores e dos coelhos. Nas demais tarefas, como limpeza, havia um rodízio. Esse modo de vida durou três anos, durante os quais me certifiquei de que não era o caminho que eu deveria seguir.

O que me levou a essa conclusão? Uma conjunção de fatores. Um deles é que, depois desse período, notei uma certa neblina entre aquilo que eu recebia do mundo cristão, em termos de discurso, e a minha prática e a minha crença real. Por exemplo, todas as vezes que eu deparava com alguma história no campo cristão, questionava: "Isso precisa ter um nível de veracidade que não é comprovado". A dúvida contínua é um mau caminho para a fé religiosa. De maneira geral, a suposição dentro de uma religião é a adesão sem dúvida persistente.

Além disso, houve um episódio que marcou de modo especial uma dúvida ligada ao poder daquele que leva a mensagem de fé. Aconteceu numa Sexta-feira Santa, em março de 1975. Eu estava numa celebração no município de Barra do Piraí, no interior do estado do Rio de Janeiro. À época chamado de Frei Mario Sergio, eu estava em cima de um caminhão, com um microfone na mão e ladeado por caixas de som. Na praça pública, cerca de 5 mil pessoas acompanhavam com atenção a minha fala. Havia um clima geral de devoção.

Num determinado momento da pregação, fui tomado por uma estranheza em relação a tudo o que se passava naquele contexto. Se eu falasse "Agora, vamos ajoelhar", as pessoas ajoelhavam. "Fiquemos de pé", e milhares de pessoas voltavam à posição inicial. "Fiquemos em silêncio", e não se ouviam ruídos. Nessa hora, comecei a notar que o que eu estava apreciando não era o conteúdo, mas o poder. O que eu estava gostando naquele ritual não era, de fato, a mensagem que estava transmitindo às pessoas, embora ela estivesse dentro de mim como uma crença forte. Naquele momento, percebi que o espetáculo passou a ser mais importante do que o teor do que eu estava propugnando. Ali, tive a clareza de que esse não era o meu caminho. Eu tinha 21 anos, e a necessidade de uma mudança de rota ficou evidente.

Como mencionei, eu já estava na universidade, e o contato com a Filosofia contribuiu para aguçar o meu lado questionador. A propósito, passar por períodos de dúvida faz parte do processo de formação do sacerdócio católico. Todo estudante, todo seminarista ou todo aquele inserido numa vida conventual, que é candidato a ser um padre, um sacerdote, precisa cursar três ou quatro anos de Filosofia antes de estudar Teologia. Qual o motivo dessa exigência? Justamente dar as bases racionais para se certificar de que a adesão teológica é concreta. Parte do trabalho na Filosofia é colocar à prova o nível de vínculo que o aspirante terá.

Outro fator crucial para essa tomada de decisão foi o gosto pela docência. Quando se cristalizou em mim a opção por deixar a carreira religiosa, eu estava no último ano de universidade e era monitor de dois professores. Havia uma grande chance de eu ser convidado para dar aulas, já como professor responsável – o que, de fato, aconteceu.

Em relação a aspectos práticos, a saída do convento em 1975 foi relativamente tranquila. Eu havia entrado já na condição de estudante universitário. Portanto, era alguém com mais autonomia e maturidade para fazer escolhas, o que é mais difícil para quem ingressa com 12, 13 ou 14 anos e faz a educação básica já dentro de um seminário.

Quando comuniquei ao meu superior que eu não queria mais seguir, ele não ficou decepcionado. Ele estava ciente de que essa era uma possibilidade. No que diz respeito aos meus pais, não havia qualquer obrigação de eu seguir naquela rota. Confesso que nem sei se eles se sentiram aliviados quando saí, nós nunca conversamos sobre isso nesse enfoque. Ao voltar para a casa, vivi três meses com eles antes de sair para morar só, em 1976. Esse período foi marcado pelo acolhimento, o que amenizou qualquer tipo de impacto.

Pelo aspecto da carreira, como a minha saída coincidiu com o último ano de universidade e, logo na sequência, fui convidado a ser professor de Ética Social, nem sequer vivi um período de indefinição ou angústia: "E agora, se eu saio do convento, vou viver de quê?"

Em termos subjetivos, entretanto, foi mais complicado. Pensava: "Me dediquei tantos anos dentro de um mundo de crenças, de um mundo de ideias que me fizeram bem. De repente, parte dessas ideias começa a me incomodar, parte delas se descola da minha prática cotidiana". Essa revisão, essa análise crítica não foi nada fácil.

Por fim, e não menos importante, como ficou a minha relação com Deus? Decisão tomada, jamais cultivei pensamentos como "agora Deus não vai gostar de mim", "vai me acontecer um monte de coisa ruim". Jamais! Porque a minha percepção de uma força amorosa nunca abarcou a noção de vingança, embora seja até comum essa ideia de um Deus severo e bondoso, que faz com que algumas pessoas queiram amainar a fúria divina com penitências e sacrifícios. Mas eu não carregava essa sensação. Na minha fase adulta, a minha relação com a religião foi mais tranquila do que era quando criança ou jovem, sem vínculo com essa ideia de vingança ou de controle.

Até hoje, a minha reverência à vida e à fonte amorosa da vida – que pode ser chamada de Deus – segue intacta, sem rupturas, agora muito mais impregnada de religiosidade do que de religião.

A minha fé fica abalada quando eu perco um pouco da esperança ativa, quando eu mesmo começo a olhar e achar "está difícil e está um pouquinho perto do impossível". Mas, quando eu consigo recuar do impossível para dentro de novo do possível, não desistir, persistir sem ser teimoso, recupero um pouco mais dessa crença expressiva numa vida que não seja um simples existir para, em algum momento, apenas deixar de existir...

RELIGIÃO, RELIGIOSIDADE, ESPIRITUALIDADE: SOPROS DE VIDA!

CAPÍTULO 2

RELIGIÃO, RELIGIOSIDADE, ESPIRITUALIDADE: SOPROS DA VIDA!

Nossa existência é gratuidade. Sabemos isso, sentimos isso. Existimos, cada uma e cada um, sem que haja uma razão explícita e evidente desde o princípio e sem que nos digam o que somos. A vida, nossa vida, mescla virtudes e vícios, desejos e necessidades, bens e males. Enquanto vivemos, buscamos afastar o sofrimento e procuramos incessantemente a paz de espírito e o repouso da mente, que tudo sente e nem sempre tudo entende.

Qual a mais crítica das nossas inquietações? Pode parecer excessivamente abstrata, mas consta desde a nossa origem como espécie consciente: Por que existe *alguma coisa* em vez de *nada*? Ou seja, por que tudo existe, no lugar de não existir?

A humanidade procura essa resposta há milênios, especialmente por meio de quatro grandes fontes que inventamos:

a Ciência, a Filosofia, a Arte e a Religião. A Ciência procurando os "comos", a Filosofia em busca dos "porquês", a Arte e a Religião produzindo e investigando "as obras perenes".

Pode-se questionar: "Mas para que se perguntar isso?" Pelo fato de que não somos um ser que apenas vive; nós também existimos.

Essa distinção de linguagem é proposital. Há uma diferença entre viver e existir. A própria palavra "existir" significa "ser para fora", assim como "insistir" é "ser para dentro". Nós somos um ser que transborda, que não se contenta em ficar recluso a uma mera biologia. Por isso, não basta que sejamos seres que vivem e depois deixem de viver. Há uma necessidade de que esse percurso faça sentido para além da materialidade.

O que gritam a Arte e a Religião? Existir em direção ao provisório, ao passageiro, ao transitório? Não faz sentido! Entretanto, precisa fazer sentido, pois, do contrário: há vida sem razão, sem porquês, sem beleza?

Beleza? Sim; o belo é o que nos dá vitalidade, que nos fluidifica a vida. O belo garante menos provisoriedade, pois parece que, quando diante dele, o tempo cessa e agarramos o instante para que nada mais flua além do momento pleno. Isso vai desde uma "bela pessoa" até uma "bela refeição", passando pela "bela paisagem", pelo "belo dia", pela "bela oração", pela "bela música".

Belo é o que emociona, mexe conosco, seja pelo êxtase, pelo incômodo, pela admiração, pela alegria, pela meditação, pela vibração. Por isso, para nós, o Belo é sagrado, pois o Sagrado é o que faz a vida vibrar em nós e nos leva a respeitar o mistério.

Muito do que é produzido em arte também pode nos ajudar a passar por momentos de turbulência, pois amaina a nossa agonia. Claro que muito da arte também tem origem na agonia. Muito do que se vê nos vários campos da expressão artística tem origem na dor, até na incapacidade de se manifestar artisticamente. Nós sabemos o quanto artistas lembram o sofrimento quando estão produzindo algo, seja na elaboração, seja no sentimento que deflagrou o movimento para a confecção de uma determinada obra.

Se eu quiser "*falar com Deus*", devo também cantar, compor, dançar, tocar; não há na história *religião*, ou *religiosidade*, ou *espiritualidade*, sem som, harmonia, melodia e voz...

Muitas vezes esses três termos são usados como sinônimos. Embora guardem uma proximidade conceitual, sobretudo entre "espiritualidade" e "religiosidade", eu costumo fazer algumas observações para distinguir as particularidades de cada expressão.

A palavra "religião" oferece três leituras possíveis. Uma é religar, de *religare*, isto é, aquilo que temos como essência, como o mais íntimo em nós, que se conecta à fonte da vida. Outra interpretação é no sentido de *reelegere*, escolher de novo, algo que não pode se perder; e esse "escolher", como "estou num caminho, eu preciso escolher o bom caminho".

E ainda de *relegere*, "reler", como um modo de interpretar ou reinterpretar a nossa presença no mundo.

Há pessoas que não têm práticas de religiões, mas têm religiosidade. Isso se manifesta pela reverência à vida e ao próximo, pela capacidade de cuidar do meio ambiente, porque enxerga nele uma dimensão de sacralidade. Elas não necessariamente frequentam um culto, pode ser até que não creiam numa força divina, mas manifestam de maneira expressiva a sua espiritualidade de vários modos em seu cotidiano.

No Rio de Janeiro, por exemplo, alguns frequentadores da praia têm o maravilhoso hábito de, no final da tarde de um dia exuberante, aplaudir o pôr do sol. Isso não é heliolatria, uma adoração ao Sol, como faziam os egípcios e outros povos. Ninguém naquela orla está batendo palmas para o Sol porque o entende como uma divindade. Mas esse aplauso ao Sol – que é um agradecimento, uma reverência – tem uma marca de espiritualidade. Se eu, Cortella, estivesse naquela contemplação do Sol, aplaudiria com intenção de expressar algo equivalente a "eu me conecto com a força sagrada e sou grato por esse dia, com o Sol nos protegendo e abençoando". É um respeito à vida. Isso é Espiritualidade.

Cabe ressaltar que a Espiritualidade se manifesta na prática e não apenas na reverência, na oração. A palavra "espírito", de onde vem "espiritualidade", em latim significa "soprar"; de onde também se conectam as ideias de "espirro", de "inspirar", de "transpirar", tudo aquilo que está ligado à noção de vida.

Na tradição judaica, depois incorporada por cristãos e islâmicos, a criação se dá quando a divindade molda a criatura e sopra. Esse é o hálito que infunde a vida. Essa ideia do sopro da essência, aquilo que oferece a vida, atravessou milênios. Até pouco tempo, muitas vezes verificava-se se a pessoa estava respirando com a colocação de um espelho sob o nariz, para ver se embaçava. Quando o ar parava de se movimentar, ali cessava a vida. Hoje há outras tecnologias usadas pelas ciências médicas para atestar se a pessoa segue viva ou não.

Mas a ideia de vida é mais ampla do que permanecer com sinais vitais ativos. Há momentos em que a vida pulsa, exubera. Quando percebemos uma lua radiante e chamamos outras pessoas para olharem, não estamos vendo ali apenas a beleza da imagem. Nós estamos contemplando um momento de abundância, de sacralidade. Sentimos a vibração de estarmos vivos. É assim também quando uma criança recém-nascida, ainda no hospital, segura o seu dedo, ou quando um filho ou uma filha vem correndo, dá um abraço e começa a brincar com você. Essa sensação de vibração mostra que a vida é muito mais do que apenas ficar vivo. Isso é Religiosidade ou Espiritualidade.

Por isso, reafirmando, coloco religiosidade e espiritualidade entendidas como reverência à vida que ultrapassa a materialidade das coisas. Já a religião é a formalização dessa religiosidade, dessa espiritualidade, com ritos, cultos, livros, ícones, símbolos. Um indivíduo se agrega com outros para seguir um sistema de normas.

Como disse o filósofo romeno Mircea Eliade (1907-1986): "O rito reforça o mito". E todas as vezes que se formaliza a espiritualidade ou religiosidade em estruturas ritualísticas, a percepção do sentido e a convicção, como dogma, ganham uma substância muito forte.

Aqui cabe uma observação: religiosidade pode ser individual, mas a religião não o é. Religião somente se constitui com outras pessoas. Toda pessoa que tem religião tem religiosidade, mas nem toda pessoa que tem religiosidade tem religião. Há muita gente que reverencia a própria vida e a das outras pessoas, mas não tem nenhum tipo de religião em que ela formaliza, agrega, agrupa com outros para a mesma prática de fé.

Em última instância, uma religião é uma comunidade de fé. A palavra "igreja" vem do latim *ecclésia*, que significa "comunidade de crença", assim como "assembleia" tem origem no latim *assimulare*, que significa "tornar parecido". Depois o sentido se transformou para "juntar, reunir", mas conservando uma noção de agrupar parecidos. Toda vez

• Religião, religiosidade, espiritualidade: sopros de vida! •

que há uma comunidade de crença que partilha os mesmos rituais e que têm orientações comuns, com representantes e dirigentes, nós chamamos de religião. Até o fato de alguém se dizer ateu significa apenas que essa pessoa não crê na existência de uma divindade, porém não significa que ela não tenha religiosidade.

O mesmo se dá em relação a quem se diz agnóstico, isto é, porta a convicção de que sobre certos assuntos não se pode conhecer a presença ou a ausência de fato, não pode nem se dizer ateu nem não ateu, porque Deus é improvável. Vale reparar que a expressão é "Deus é improvável" – não pode ser material e empiricamente provado. Afinal, não há como provar que existe nem que não existe. Por isso mesmo, pode-se dizer que Ele é improvável, mas não cabe dizer que é impossível.

Faz sentido afirmar, portanto, que existem pessoas que têm uma religiosidade, mas não uma religião. Contudo, é evidente que uma religião fidedigna não existe sem religiosidade ou espiritualidade...

A TRANSCENDÊNCIA SE MOSTRA...

CAPÍTULO 3
A TRANSCENDÊNCIA SE MOSTRA...

Em 1999 publiquei uma crônica na revista *Diálogos Paulinas* para mostrar muitos dos modos pelos quais a transcendência pode em mim emergir, sem que ficasse recluso ao campo religioso, mas que expressasse a reverência à vida. Por isso, recupero, com pouca mudança, aquela reflexão, uma vez que mantém sua atualidade como sentimento e vivência. Aqui está:

Cidade de São Paulo, seis horas da tarde, chove sem parar. Eu, ainda molhado pela chuva, dentro de um trem do metrô lotado, rumo à universidade para dar aulas. É a terceira jornada de um longo dia. Fome, vontade de tomar um banho, ficar em casa à noite, descansar.

Com problemas na energização dos trilhos, a composição vai bem devagar. A cada estação, mais gente adentra, espremendo-se em pé, segurando sacolas, pastas, bolsas e guarda-chuvas. As janelas do vagão fechadas (por causa dos trechos ao ar livre do trajeto); ar-condicionado desligado (para economizar eletricidade emergencial); calor, abafamento, odores marcantes por todos os lados.

Meu desejo? Sumir dali, sair de perto, desencostar de tantas pessoas, tantos cheiros, ruídos e suores. Paz, quero paz!

De repente, próxima à porta do vagão, está uma mulher com uma criancinha no colo, com a cabeça debruçada por cima do ombro da provável mãe. A menininha olha para mim e, sem razão maior, sorri.

Pronto. Durante segundos (mas sentidos como uma deliciosa eternidade), desaparecem todos os transtornos à minha volta. Não há mais chuva fora, não há mais pressa, não há mais cansaço, não há mais nada, exceto uma sensação de encantamento e uma vontade imensa de retribuir o sorriso. Eu o faço e, rápida, a criança simula esconder o rostinho com as mãos, agora rindo.

O trem chega à estação na qual devo descer. Saio, reconfortado pelo alcance admirável e profundo de um sorriso despretensioso e verdadeiro. Saio, sentindo-me abrigado pela *experiência* de um mistério que faz cessar qualquer turbulência.

Que experiência foi essa? Durante o caminho até a sala de aula, bastante animado (cheio de *anima*/alma), procurei me lembrar de outras experiências que tivessem, para mim, o mesmo significado: o encontro (ainda que fugaz) com a emoção simples, com a gratuidade amorosa, com o sentimento de proteção de minha existência, com a espantosa beleza de algumas coisas e alguns gestos.

Quando pude, antes, viver a mesma experiência que a do sorriso infantil e desprendido? Quando pude, antes, experimentar a calma certeza interior de que não estou abandonado à minha própria sorte ou entregue à solidão de angústias sem socorro? Quando pude, antes, provar do sabor da alegria compartilhada ou da solidariedade sincera? Quando pude, antes, presenciar a formosura do mundo ou a lindeza do que nele está?

Quando pude? Muitas e muitas vezes; esse mistério se mostrou e se mostra a mim e a todos e todas de inúmeras maneiras.

Nem sempre o reconheci, nem sempre nele prestei atenção; porém, sempre esteve presente.

Quando, então?

Quando, por exemplo:

> • na primeira vez que fui ao mar, aos cinco anos de idade, e, olhando aquela imensidão, segurei-me na mão de meu pai, enquanto pequenas ondas quase me tiravam do lugar (e eu, firmemente desafiante, não saía);

- ainda criança, voltava, saudoso, para o lar, depois de uma temporada de férias em casa de parentes, e me regalava preguiçosamente na cama, aspirando os lençóis em busca de um cheiro que só neles existia;

- em noites de frio na infância, minutos antes de dormir, percebia minha mãe, sorrateira, puxar as cobertas por sobre o meu peito e dar-me, de leve, um beijo na testa, enquanto recitava baixinho uma oração da qual nunca me separei (*Santo Anjo do Senhor, meu zeloso guardador, se a Ti me confiou a piedade Divina, sempre me rege, me guarda, me governa, me ilumina. Amém*);

- nas comemorações de aniversários, com irmãos, parentes e amigos em volta, eu assoprava as velinhas (poucas, na época) e sentia um calor dentro do peito que me dava a certeza de ser querido;

- aos dez anos de idade, fui ao velório de um amiguinho que se afogara em uma represa e vi os pais dele envolvidos por dezenas de abraços silenciosos e apertados, lágrimas de adultos expressando uma dor que era de todos, marcando, para mim, a noção de que, se com a morte não nos conformamos, ao menos nos confortamos;

- nasceu meu primeiro filho e, após o parto, sozinho no quarto da maternidade, chorei de gratidão pela dádiva de poder, também, desdobrar minha vida (e não me satisfiz com esse primeiro agradecimento, pois outros partos ocorreram, outros choros vieram);

• ao assistir, ouvir ou ler o noticiário, doerem em mim as dores das guerras, das fomes, das epidemias, dos desastres ecológicos, das violências físicas ou simbólicas – e no esforço para não me acostumar, fraturando minha humanidade;

• fico extasiado no dia a dia, ao observar que a violeta que plantei renova-se exuberante a cada regada, que os gatos de casa se enrolam nos meus pés quando chego, que as brincadeiras familiares na hora da refeição vão amalgamando a convivência (às vezes transtornada), que o passar das mãos de minha mulher sobre meus cabelos (de forma sutil e cuidadosa) mostram a amorosidade de um percurso parceiro;

• ao ouvir música (muitas vezes quieto, na penumbra), procuro fruir a imensa capacidade de produzir emoção de um Mozart (como ele conseguiu, de forma contraditória, alegrar minha vida com a Missa de Réquiem?) ou de um Catulo da Paixão Cearense (*"Ontem ao luar, nós dois em plena solidão, tu me perguntaste o que era a dor de uma paixão..."*);

• ao participar de um culto, provo com outros e outras do extenso desejo que temos de partilhar a vida, demostrando nossos temores e reconhecimentos, buscando continuamente a preservação generosa de um sentido de viver arrebatador e que não queremos que cesse.

Escolhi algumas situações especiais e marcantes para mim mesmo, mas quem não as têm ou terá, de alguma forma? Quem consegue não contar outras delas, inúmeras, infindas, múltiplas? Alguém é capaz de passar incólume pela vida e afirmar que nunca foi tocado por impressões desse tipo?

Todas essas experiências antes relatadas são, acima de tudo, *experiências religiosas*. São vivências impregnadas (isto é, grávidas) de religiosidade, pois todas apresentam faces de uma ligação com a vida e sua sacralidade conjunta que transpõe a materialidade das coisas, a provisoriedade dos acontecimentos humanos, a transitoriedade do tempo.

Todas elas nos ligam e religam com a convicção de que o sentido (de novo na dupla acepção de *significado* e *direção*) da existência excede os limites da mundidade e alcança a humanidade para além das histórias individuais que a compõem. São, assim, experiências da *transcendência*.

É preciso educar nossa atenção aos conteúdos dessas experiências. É necessário afinar nossos sentidos e sentimentos para não as deixar passar como fatos corriqueiros. Da mesma forma, é preciso perceber que, provavelmente, a *transcendência* está nos detalhes inesquecíveis, e por isso fundamentais.

É essencial que possamos compartilhar esses *detalhes* com as pessoas com as quais convivemos, trazendo à tona as experiências (nossas e delas) que cada um e cada uma carrega e que apontam para a percepção pessoal das *memórias e vivências da transcendência*.

É imprescindível não recusar esse encontro com a admirável presença de um mistério que ultrapassa a mim mesmo, minha vida e este próprio mundo, mas do qual, surpreendentemente, percebo nele e dele participar. E, mais ainda, sei e sinto não estar sozinho...

FORÇA PROTETORA, FORÇA CUIDADORA

CAPÍTULO 4
FORÇA PROTETORA, FORÇA CUIDADORA

A religião, ao longo da história, sempre foi uma busca direta de apoio, dada a nossa fragilidade como seres humanos. Essa condição faz com que uma grande parte das pessoas recorra a uma força que seja anterior, exterior e superior a nós. Pode ser uma divindade com um nome. Podem ser milhares de divindades. Pode ser uma força amorosa. Pode ser uma energia. Ainda assim, somos fragilmente situados na existência. A nossa mortalidade é muito manifesta. Agora estou e, um segundo depois, posso não estar mais...

Há algo muito marcante nessa direção: o invisível que assusta, não podendo ser enxergado, dificilmente poderá ser enfrentado. Quando criança, à noite, dizíamos para quem nos cuidava: "Estou com medo", "Tem fantasma" ou "Tem uma coisa no meu quarto". E a pessoa adulta chegava até nós, segurava nossa mão ou nos abraçava um pouco, até sentirmos segurança de não estarmos sozinhos em meio ao "escuro". Assim pode despontar a religião: não nos deixar sozinhos no escuro...

As religiões são, cada uma ao seu modo, um recurso expressivo para encontrarmos amparo, apoio e proteção. A esperança é de que aquilo que não é enxergado possa ser enfrentado por algo que também não enxergamos nitidamente. É a crença no sobrenatural, mas que nos permite entender que daquela fonte virá algum socorro.

Vale observar que religião não é um sistema de ideias. Religião é um sistema de crenças. As pessoas não têm religião para se sentirem mais sábias, mas para se sentirem mais fortes e, assim, terem uma perspectiva para viver melhor.

A ideia da religiosidade, e mais adiante a formalização dela como religião, antecede o tempo histórico. Nas sociedades pré-históricas, há nítidos sinais de uma relação nossa com a vida, com a natureza, com as pessoas, que vão muito além da simples sobrevivência.

O primeiro indicador mais significante dessa ideia reside no aspecto da própria perda da vida, na nossa relação com a morte. Nós, de forma distinta de outras espécies, não temos uma relação marcada pelo descartável com o fim de outro indivíduo. Um corpo sem vida não é algo que simplesmente se deixa onde pereceu. Em nós, a noção do falecimento produziu não apenas um estranhamento de um corpo que deixa de ter vida – e torna-se uma matéria degradável –, mas um espanto, que é também reverência. Isto é, aquele evento é respeitado.

A religiosidade – esse sentimento, essa percepção de que existe algo além de nós e que pode nos orientar, que pode nos danar, que pode nos auxiliar – está presente desde os nossos primeiros sinais de comunicação e de organização social. Os primeiros lugares onde nós marcamos a presença humana (junto com as fogueiras, onde eram preparados os nossos alimentos) eram aqueles em que guardávamos os nossos mortos. Nos desenhos dentro das cavernas, há registros de sepultamento, o que reforça a ideia de não querermos abandonar os que já não vivem apenas por não sabermos direito por que não vivem mais!

Como não conseguimos compreender o conjunto das razões da vida, costumamos respeitar a morte. Isso é muito marcante no nosso caminho. A sacralidade da vida costuma se expressar mais fortemente na sacralidade da morte. Um dos vínculos mais fortes da religião com a vida coletiva se estabelece ao lidar com a questão da morte, presente em ocasiões como o velório, o sepultamento, a cremação e o consumo de parte das cinzas, como fazem algumas comunidades humanas.

Alguns antropólogos, aliás, chegam a levantar hipótese de que deixamos de ser nômades não porque quisemos plantar e criar a agricultura, mas para não nos distanciarmos dos nossos mortos sepultados. Essa hipótese não é descartável. Quem crê que aquilo que ficou é só um corpo, uma matéria que se tornou inerte, não teria problema em deixá-lo para trás. Existe, no entanto, a possibilidade de que naquele corpo exaurido de vida haja uma invisibilidade – que se pode chamar de alma, de espírito, de força vital – a ser preservada no mundo meramente material.

O cemitério, como o lugar sagrado para a vida ser lembrada após a morte, fixou-nos. À medida que as sociedades foram se tornando mais complexas, mais numerosas, a criação de rituais – como o sepultamento, nas sociedades em que aparecia – foi no sentido de "não deixamos para trás".

No mundo contemporâneo, essa ideia entra até em legislação. A Convenção de Genebra, que regula também o que não fazer nas guerras, prevê o respeito com o sepultamento.

Essa relação aparece desde a "Ilíada", poema épico atribuído a Homero, escrito em IX a.C., narrado em torno da Guerra de Troia, na qual há trégua por um tempo determinado, para que os mortos possam ser recolhidos e sepultados de modo digno. O que é indigno? Apodrecer no campo.

A insolência, que os gregos chamavam de *hybris*, não era benquista pelos deuses. Uma das coisas que levou à queda de Aquiles, embora um semideus e um herói admirado, foi o fato de ele ter desrespeitado o corpo daquele que matou, fazendo com que a família não pudesse sepultá-lo de modo digno, após tê-lo arrastado com uma biga em frente às muralhas de Troia. É muito forte essa ideia de que a vida, quando cessada, tenha o respeito em seu receptáculo.

A ideia é não perturbar o sono dos mortos. E a palavra "sono" faz sentido, porque "cemitério", no grego antigo, significa "lugar para dormir". Por isso dizemos, quando alguém perece, "está descansando", "o descanso eterno", "o sono eterno".

Uma das formas de fazer com que esse trajeto do nascimento até o falecimento tenha sentido – de assinalar que não somos mera banalidade, que estamos além da materialidade, da biologia pura – é por meio do que também chamamos de espiritualidade. É a busca de uma razão que faz com que nos conectemos com a vida de forma mais ampliada.

A partir dessa compreensão, podemos encontrar certa consolação para as turbulências da vida e mesmo para a percepção de que a vida não é só turbulência, tropeço, cicatriz; ela também tem um sentido mais elevado. Mas onde encontrar esse sentido, a não ser além deste mundo? No sobrenatural ou – para usar o termo clássico na metafísica – o que está além do mundo da natureza.

Uma anedota que envolve o filósofo alemão Edmund Husserl (1859-1938) diz que, certa vez, quando perguntado "Como o senhor está?", ele teria respondido: "Eu estou bem, sinto apenas uma certa dificuldade em ser".

Se há algo que faz o conceito de espiritualidade vir à tona é exatamente essa nossa dificuldade em sermos. Sermos o quê? Seres vivos, com a consciência de sermos mortais, de que estamos num caos, que, de algum modo, precisa ser ordenado.

A religiosidade, como uma relação de estranheza com o mundo que parece se desordenar, é uma característica da nossa cultura humana. Há uma coetaneidade entre a presença de sinais de religiosidade, de busca de relacionamento com forças entendidas como anteriores e superiores a nós, que são a marca do que não compreendemos.

Essa não compreensão produz temor, que pode ter dois caminhos. O primeiro é de um temor que gera submissão e, portanto, terror. O segundo estabelece uma relação de reverência à vida, marcada pela presença nos rituais: as primícias, as ofertas, as demonstrações de respeito, os agradecimentos.

A ideia de que a vida cessa será nítida porque ela se comprova na prática. Mas nem sempre compreendemos as razões pelas quais a vida vem. Quando imaginamos alguém há milhares de anos, numa noite estrelada, observando tudo aquilo e se vendo como uma coisa diminuta, mas capaz de observar, provavelmente as grandes questões eram "O que é isso?", "De onde vem isso?" ou "Para que isso?".

O que pode haver de mais impactante do que o indivíduo, um ser humano notando a própria insignificância, colocar-se como filho de "Deus"? Não apenas uma criatura, na suposição de tudo que existe tem uma origem, mas uma criatura que é herdeira da obra divina e que tem uma conexão com essa fonte da vida, que pode ser chamada de deus, de deusas, de energia, de amor, tanto faz. O que vale é que essa conexão existe.

Ao olhar para o céu estrelado, o pensador francês Blaise Pascal (1623-1662) dizia: "O silêncio desses espaços infinitos me apavora". A percepção da nossa pequenez, da nossa fragilidade, vem acompanhada da percepção de que nós também somos vigorosos, de que somos importantes, e, se essa importância não se torna evidente, nós construímos essa importância.

Fato é que a religião é um componente da nossa trajetória humana. Não há relato de uma sociedade sem algum sinal de religiosidade. Todas tiveram e têm.

RECUSA AO DESESPERO

CAPÍTULO 5
RECUSA AO DESESPERO

A fé é a recusa ao desespero. E essa recusa, como fé, precisa se ancorar em algum lugar. Pode ser na crença em alguma força que não nos abandone, que venha em nosso socorro, e achamos que, quase sempre, está fora de nós, ainda que a sintamos dentro de nós.

A fé nos impulsiona a adiar o óbvio, a evitar o que é uma ocorrência natural: nossa fragilidade e nossa finitude. A maneira de postergar o nosso fim é convocar a esperança ao longo do caminho. E é justamente ela que afasta a sensação de nos sentirmos largados, colocados fora no mundo. É a perspectiva de imaginar que existe sempre um adjutório, que precisa haver alguma alternativa.

É exatamente nessa condição que está localizada a fé. Pode ser fé personificada, pode ser interiorizada, pode ser entendida como energia de motivação. O mais conhecido é o modo religioso da fé, institucionalizado, em que rogamos um amparo que, além de nossas forças, seja uma força que nos apoie.

É possível que você já tenha visto a expressão *Deus ex machina*, falada ou escrita. *Ex machina* significa "a máquina que traz". Trata-se de um termo que surgiu no teatro na Grécia Antiga.

Em que circunstâncias essa expressão é utilizada? *Deus ex machina* se aplica a ocasiões em que uma força superior e anterior ao humano, uma superforça, vem do alto para salvá-lo. É algo inesperado, abrupto, mas que resolve uma situação aflitiva ou desesperadora. Era comum nos espetáculos teatrais, especialmente nas tragédias gregas, que, em momentos intrincados, desafiadores, quando nada indicava uma solução, um deus (outro ator, uma imagem ou uma estátua) descia por uma corda por cima do elenco e solucionava a situação encenada.

A expressão *Deus ex machina*, portanto, é uma apropriação útil aos momentos em que esperamos uma intervenção externa para resolver transtornos que nos afligem. Quando alguém decide não agir e apenas aguardar que uma intervenção externa resolva tudo, é o caso de dizer: "Está aguardando o *Deus ex machina*?" Que baixe uma divindade para dar conta daquela necessidade. A solução pelo esperado inesperado.

Na nossa contemporaneidade, há uma cena muito marcante no cinema que expressa bem o conceito de *Deus ex machina*. É uma das passagens mais belas do filme *E.T. – O extraterrestre*, do diretor estadunidense Steven Spielberg. Quase no final dessa ficção de 1982, os meninos nas suas bicicletas estão sendo perseguidos pelos adultos que querem capturar o ET. Eles empreendem uma fuga, escapando das viaturas, com o ET num cestinho de uma das bicicletas. Quando eles estão prestes a serem alcançados, as bicicletas inesperadamente levantam voo.

Eu assisti à estreia do filme numa sala de cinema com 1.500 espectadores, e era possível sentir as pessoas prendendo o fôlego durante a perseguição. Quando as bicicletas decolam, o cinema inteiro bateu palmas. Naquele momento apareceu um *Deus ex machina* redentor, com uma solução absolutamente improvável e incompreensível por meios lógicos. Ainda assim, bastante desejada.

Onde estiver colocada, a fé tem um lugar especial na nossa condição humana, que não necessariamente fica fora de nós.

A esperança, no entanto, não deve ser um mero aguardar! Esperança não é uma trivial expectativa, em função da qual fico só esperando que algo aconteça. Por isso, vale demais a sabedoria trazida pelo Rabino Hilel, do século I, eminente pensador judaico. Ele, que foi uma figura muito influente nas concepções do cristianismo inicial, especialmente por uma de suas máximas – "Não faça a outro o que não quer te façam" (adotada depois na tradição e muito falada até hoje) –, tem outro ensinamento decisivo e que contribui muito para essa reflexão: "Se eu não for por mim, quem o será? Mas, se eu for só por mim, que serei eu? Se não agora, quando?"

Vale destrinchar esse enunciado. "Se eu não for por mim, quem o será?" – trata-se do protagonismo, da iniciativa, da autonomia, do não acovardamento diante da necessidade da ação. "Mas, se eu for só por mim, que serei eu?" – pois apenas como indivíduos sós somos impotentes. A terceira parte remete à ideia de oportunidade: "Se não agora, quando?", afastando aí a ideia de "um dia vou ser feliz", "um dia vou ser participante", "um dia vou ser autêntico", "um dia vou ser virtuoso".

Ora, a nossa existência aqui no planeta é marcada pela consciência terminal. Um dia nós não estaremos mais presentes em nossa vida cotidiana. Assim, a percepção da morte para mim, por exemplo, não é uma ameaça, na medida em que ela é um fato. Entretanto, eu a encaro como um alerta.

Saber-me mortal não me deixa em estado de sequestro vital. Saber-me mortal é uma advertência, quase que me orientando: "Cortella, não desperdice", "não seja tolo", "não se apegue ao que é banal", "não perca tempo com miudezas que aprofundam a ignorância".

Há uma expressão muito usual no mundo caipira e no Nordeste brasileiro, que é "Tome tento", no sentido de "fique alerta". Essa dádiva, que é a existência, pode até não ter um destino escrito, programado, como é o caso da minha crença de não haver um roteiro preestabelecido, mas que se vai escrevendo durante o percurso. Ainda assim, é preciso tomar tento, isto é, ficar precavido, para que a vida não seja infecunda e frívola.

Durante a pandemia do coronavírus, que se disseminou pelo mundo entre 2020 e 2023, logo nos primeiros meses, período dos mais críticos, fui bastante perguntado sobre o medo de morrer. E sempre respondia: "Claro! Não só eu temo, como me acautelo". Eu temo, mas não me apavoro.

Alguns continuavam a conversa com uma abordagem mais esotérica: "E se você encontrasse o Criador, o que gostaria que Ele lhe falasse?". Em outras palavras, no dia em que você perecer, o que quer que Deus lhe fale quando O encontrar?

Na suposição da existência de um criador, eu, criatura, apreciaria que nesse eventual encontro ele me falasse: "*Valeu, Cortella!*" Seria um modo sintético de atestar: "Eu te entreguei uma dádiva, que é a vida. Você tem acesso a algo que é um mistério estupendo, que várias formas do conhecimento da vida tentam deslindar. E você não desperdiçou, não descartou e não banalizou. Várias vezes foi tolo, egoísta, desatento, mas fez um imenso esforço para não seguir desse modo. A vida? Não a pegou como exclusivamente sua, fez com que pudesse também ser partilhada com outras pessoas que, de alguma maneira, estiveram com você".

Esta é a minha esperança: um robusto "Valeu, Cortella"! Porém, não é aceitável somente aguardar que assim seja, e menos ainda desprezar o lugar da esperança.

E uma das formas de preservar o valor da vida, com todas as atribulações que carrega, é persistir. O dramaturgo romano Terêncio (ca. 185-159 a.C.) escreveu em uma de suas obras uma sentença que se tornou popular: "Enquanto há vida, há esperança". Falamos isso com muita facilidade no cotidiano, mas nem sempre percebemos que essa é a nossa marca decisiva.

Afinal de contas, ser humano é ser capaz de recusar o que parece não ter alternativa. É a nossa capacidade de persistir, de esperançar. Por mais que seja difícil, não é uma impossibilidade, desde que mantenhamos a esperança em ação.

Alguns mudam jocosamente a afirmação de Terêncio, dizendo "A esperança é a última que morre porque a gente morre antes"... Essa não é a minha concepção, mas a considero contributiva ao nosso pensamento no dia a dia, pois o negativismo, colocado desse modo, alerta-nos contra o risco do otimismo ingênuo. Não basta apenas desejar, ter vontade de fazer algo, que o resultado acontecerá. Vale o conselho: "Não é só porque queremos que será".

O filósofo alemão Friedrich Nietzsche (1844-1900), um arguto pensador, objeto de constante polêmica na Filosofia posterior sobre se ele era mesmo um ateu, adverte-nos no aforismo 146 da quarta parte da obra *Além do bem e do mal*:

"Quem deve enfrentar monstros deve permanecer atento para não se tornar também um monstro. Se olhares demasiado tempo dentro de um abismo, o abismo acabará por olhar dentro de ti".

Eu às vezes olho para o abismo, não para receber o olhar dele de volta, mas para me manter dele distante.

É verdade, o abismo existe, mas não existe só abismo!

A ARTE COMO EXPRESSÃO DA ESPIRITUALIDADE

CAPÍTULO 6
A ARTE COMO EXPRESSÃO DA ESPIRITUALIDADE

Em 1959, o pensador austríaco Ernst Fischer publicou um livro com o instigante título *A necessidade da arte*. Como exercício de reflexão, sempre gostei de adicionar um ponto de interrogação ao título da obra. Porque isso suscita a questão: *qual a necessidade da arte?* (Tal como perguntamos: qual a necessidade da Religião?)

Se colocarmos sob a perspectiva da nossa capacidade de sobrevivência, da nossa materialidade biológica, para que serve a arte na nossa forma de existir?

Há milhares de anos, iniciamos a produção de algo que não tinha utilidade imediata, que não era algo pragmático, para usar um termo caro à área de Filosofia. Isso se tornou, efetivamente, uma marca da humanidade.

Nós, como espécie, somos seres frágeis face a outros animais. Não temos tanta força física, nossa resistência é limitada em relação a temperaturas extremas, e não conseguimos ficar muito tempo sem comer ou sem beber água. Essas vulnerabilidades na nossa biologia tiveram de ser compensadas com a construção de ferramentas para garantir a sobrevivência. A nossa fragilidade nos fez evitar a exposição aos predadores à nossa volta.

Nós nos inspiramos em outros animais para muitas questões relacionadas à nossa sobrevivência. Um fator decisivo na perpetuação da nossa espécie, entretanto, foi a nossa capacidade de nos antecipamos aos fatos. Em outras palavras, passamos a nos preocupar em cuidar das coisas antes que elas acontecessem.

Grande parte dos nossos saltos evolutivos se deu a partir de necessidades. O chamado homem primitivo, sempre que precisava beber água, deslocava-se até uma fonte, saciava a sua sede e voltava ao local de abrigo. Evidentemente, esse trajeto continha riscos à integridade. Afinal, o predador poderia estar à espreita próximo das fontes de água, como até hoje acontece com outros animais.

Em algum momento na nossa transformação, em vez de nos deslocarmos toda vez em que sentíamos sede, passou a ser possível trazer a água da fonte para ser armazenada no nosso local de abrigo. Esse transporte, inicialmente, era feito em buchos de outros animais, depois em cabaças. Em período posterior, ganhamos a habilidade de confec-

A arte como expressão da espiritualidade

cionar recipientes, como jarros de argila, que imitavam o formato do bucho de outros animais. Assim, a possibilidade de estocar a água por mais tempo reduziu a exposição aos perigos externos.

Passado mais um tempo, além de moldarem recipientes, alguns seres humanos tiveram a iniciativa de pegar um graveto e fazer um desenho, um rabisco, inserir alguma expressão na argila ainda em processo de secagem. Qual a finalidade desse gesto? A água não ficaria mais conservada, a capacidade de armazenamento não aumentaria, nenhuma outra finalidade prática seria agregada àquele insumo.

Esse desenho, entretanto, era um sinal, a nossa maneira de "ensignar", de deixar uma marca, de conferir uma identidade àquele objeto que nos pertence, não como propriedade individual, mas como característica que o humano deixa no mundo.

Nesse sentido, é provável que a necessidade da arte tenha vindo para marcarmos o nosso lugar no mundo. Isso se dará pela capacidade de elaboração, invenção e criação, que desaguou nas formas do teatro, do cinema, das artes plásticas, da dança, da literatura, entre outras expressões. Não somos obrigados a fazer essas atividades, mas as fazemos porque elas deixam a nossa marca no mundo.

Quando nos formos – e cada um de nós irá a seu tempo –, nós ficaremos de algum modo. Essa forma de ficar, de amarrar o instante, num certo sentido, cessa a nossa mortalidade, porque permanecemos com aquilo que deixamos marcado. Esse é um entendimento possível da nossa necessidade de arte.

Gostamos de contemplar, de criar, de fruir o que a arte nos oferece, porque ela cessa o instante. Ela amplia a nossa sensação de perenidade. Quando vou a uma exposição, por exemplo, algumas obras me permitem fruir a cessação da passagem do tempo. Não é a desinvenção do tempo, mas uma perspectiva de algo mais duradouro, menos evanescente.

Esse tipo de fruição também pode ser um passaporte para o encontro com o antigo. Como costumo frisar, não devemos confundir antigo com velho. Antigo é aquilo que tem bastante idade. Velho é o que não tem mais lugar agora, porque ficou ultrapassado, arcaico.

Um museu, por exemplo, não é um lugar para coisas velhas. Estas devem ser destinadas ao lixo ou à reciclagem sempre que possível. Um museu é um lugar de coisas antigas, que nos reconectam não só com a história mas também com o legado de homens e mulheres em suas passagens pela vida.

Uma parte desses sinais deixados por pessoas pelo mundo, ao serem guardadas, preservadas – e, por isso, compartilhadas –, está nos museus, espaços para que o antigo seja protegido. Dessa forma, nós nos conectamos com a nossa ancestralidade. Não estamos sozinhos e sozinhas, temos uma ligação com todos que nos antecederam.

Isso até pode se dar no campo da virtualidade, mas com uma fruição parcial. Pode-se ter uma ideia sobre uma determinada obra, mas não há comparação, em termos sensoriais, com a presença diante dela.

• A arte como expressão da espiritualidade •

Jamais me esqueço da primeira vez em que vi a obra *Pietá*, de Michelangelo, na Basílica de São Pedro, em Roma. Aquela escultura, uma pedra expressando a dor de uma mãe que segura o filho falecido, quase me fez cair de joelhos. Não no sentido religioso, mas no sentido de impacto, de arrebatamento, justamente por estar diante de uma obra única, absolutamente encantadora. Eu já havia visto imagens da *Pietá*, mas aquela concretude trouxe à tona uma emoção que é diferente da proporcionada por um catálogo, por um retrato, por uma visita virtual.

A emoção daquele momento marcava a minha relação com a história, o meu conhecimento relativo sobre o cristianismo, mas, sobretudo, era a imagem de uma mãe sofrendo a perda do filho – uma ideia e uma possibilidade que se repete por toda a história.

A arte tem a capacidade de preservar a nossa memória, quando vemos, por exemplo, um prédio projetado por Ramos de Azevedo, mas pode também nos conduzir ao futuro, pois nos movimenta. A emoção está ligada à ideia de *emovere*, aquilo que mexe conosco.

Sob esse ponto de vista, uma ideia forte foi transmitida por Michelangelo, ao dizer que "Cada pintor pinta a si mesmo". É possível inferir, portanto, que cada artista cria a si mesmo. Mas ele não cria somente a si próprio; cria uma das maneiras de ser humano, em qualquer lugar, em qualquer tempo. Por isso, quando Michelangelo ou Rodin ou Debret fazem aquilo que é encantador, eles fazem algo que o humano é capaz de produzir, por intermédio deles mesmos.

Não trago essa ideia por uma perspectiva metafísica, de que baixa no artista uma entidade espiritual trazendo algo que está disperso na humanidade. Não. A arte é uma obra coletiva a partir da ação de um indivíduo. É coletiva por causa da inspiração, da produção dos materiais à volta, por tudo aquilo que envolve o esforço humano para que a arte se viabilize.

O pensador alemão Karl Marx (1818-1883), na sua obra mais comentada (não necessariamente lida), *O capital*, apresenta uma alegoria especial, que cito com frequência, quando fala que o artesão será sempre melhor do que a melhor das abelhas ou das aranhas. De fato, a abelha faz coisas inacreditáveis em termos de formato, de engenhosidade, de estrutura, tal como a aranha tece suas teias com impressionante precisão. Embora esses seres executem seus respectivos trabalhos de modo magnífico, eles o fazem de modo repetitivo. São obras resultantes de uma reprodução, um tipo de fazer que é inerente às suas espécies. A aranha não é capaz de criar a teia de outro modo. Ela não escolhe fazer a teia que faz, ela apenas a faz.

Sem que isso soe como uma exaltação de que a espécie humana esteja acima da natureza – pois seria absolutamente tolo –, trata-se de uma ideia que serve para lembrar como a arte é a manifestação da nossa criatividade a partir de algo que não é a mera repetição.

Por isso, Marx traz a noção de que sempre a melhor aranha será pior do que o pior dos tecelões. Eu, Cortella, não sei tecer, mas posso aprender. A aranha nasce sabendo. Nós nascemos não sabendo, mas podemos aprender com o que estiver ao nosso alcance, seja o material, seja alguém que nos ensine, seja a nossa disposição de espírito para buscar aquele conhecimento. A partir daí, nossa capacidade de criar e inventar vem à tona.

E a arte é marcada justamente por ir além do óbvio; ou, ainda, por colocar o óbvio numa outra condição, como o fez com maestria Salvador Dali, ao pintar um relógio se derretendo, numa alusão ao tempo que passa, evocando Chronos, o pai de Zeus, e tudo aquilo que nos conecta. Assim fizeram Mozart, Van Gogh, Di Cavalcanti, Frida Khalo e tantas outras pessoas nos vários campos da arte. A arquitetura também cumpre essa função, deixando explícita a capacidade de expansão do ser humano, ao transformar os espaços à nossa volta.

O resultado da ação do humano no mundo, por intermédio do nosso ofício, da nossa arte, chama-se cultura. Nesse sentido, a cultura tem uma interface com a natureza, com aquilo que não foi a nossa criação original e, especialmente, com a nossa ação criativa.

Afinal, como ensinou o escritor e músico francês Romain Roland (1866-1944), Nobel de Literatura de 1915, "Criar é matar a morte"!

CRER OU DESCRER É DIREITO?

CAPÍTULO 7
CRER OU DESCRER É DIREITO?

Uma das ideias polêmicas do pensador alemão Karl Marx é a da religião como "ópio do povo". De fato, Marx professava o ateísmo, porém não desprezava uma questão séria: o sofrimento das pessoas.

O que ele indica no conjunto de ideias em que essa frase se insere é que o sofrimento de uma parcela da população é tamanho, que essas pessoas encontram na religião um lenitivo, um unguento que as faz conseguir suportar suas privações. A perspectiva de Marx é indicar que, se essa é a razão da religião, é preciso criar uma sociedade para que essa razão não exista. A frase não carrega o sentido de "liquidemos a religião", mas o de que criemos condições econômico-sociais, numa partilha de bens, para que o desespero, a indigência, a miserabilidade não sejam as causas para alguém se apegar à religião.

Sem aqui supor que Marx estivesse fazendo uma pregação a favor da religião, a fala dele não é contra a religião, e sim contra as condições de vida que, segundo ele, criam um vínculo com a religião que é enganador e, nesse sentido, opiáceo, entorpecedor. Porque a religião, na visão dele, não fará por si mesma que haja pão na mesa ou que sejam geradas condições dignas de saúde, por exemplo. Nessa perspectiva, seria quase que uma distração em relação à conquista dessas condições.

Assim sendo, a edificação de um "paraíso possível", que Marx entendia como vida partilhada, não poderia ser um simulacro desta vida no aguardo de uma outra vida. A busca teria de ser pela condição material de vida que dispensasse a urgência da religião. Não se trata, assim, de um ataque, mas de um alerta do que pode ser um mau uso da religião, por não solucionar a dor.

Algumas das ideias de Marx e de Nietzsche, no século XIX, serviram posteriormente para a reflexão do médico austríaco Sigmund Freud (1856-1939) sobre a religião como manifestação da nossa infantilidade. Freud tinha a percepção de que, ao nos sentirmos e nos fazermos "adultos", portanto mais poderosos, deixaríamos de ter necessidade de uma força que nos cuidasse. Nessa perspectiva, a ideia de religião fica marcada por constituir uma infantilização do pensamento ou até um sinal de fraqueza.

Ao longo da história, a influência de alguns pensadores formou um vínculo entre religião e ignorância, isto é, quanto mais ciência, mais racionalidade e mais iluminismo, maior será a nossa capacidade de deixar religião de lado. A suposição era de que, ao adentrarmos o campo do conhecimento, a religião se tornaria desnecessária. Esse foi o grande movimento do positivismo no século XIX e do cientificismo do século XX.

Vale trazer um longo e nítido trecho do livro *O que é Religião*, do teólogo e educador Rubem Alves (1933-2014). Afirma ele logo no começo da obra:

> [...] é fácil identificar, isolar e estudar a religião como o comportamento exótico de grupos sociais restritos e distantes. Mas é necessário reconhecê-la como presença invisível, sutil, disfarçada, que se constitui num dos fios com que se tece o acontecer do nosso cotidiano. A religião está mais próxima de nossa experiência pessoal do que desejamos admitir [...]. Como o disse poeticamente Ludwig Feuerbach: A consciência de Deus é autoconsciência, o conhecimento de Deus é autoconhecimento. A religião é o solene desvelar dos tesouros ocultos do homem, a revelação dos seus pensamentos íntimos, a confissão aberta dos seus segredos de amor.

Ora, vamos relembrar: não há dúvidas de que o sentimento religioso é uma constante na história humana. Independentemente da região planetária, da época ou da sociedade, sempre encontramos manifestações de uma busca de relacionamento com forças misteriosas e poderosas que entendemos serem superiores ou anteriores a nós, homens e mulheres. Por isso, como aprecio remarcar, ao contrário do que muitos suspeitam, religião não é coisa de "gente tonta"; religião é coisa de "gente", e como entre as variadas gentes também há as que são tontas, confundem-se umas e outras.

Reafirme-se: religião não é coisa de gente tonta, ou frágil, ou ignorante, ou qualquer outra adjetivação que indique indigência psicológica, mental ou cognitiva. Falar em Religião – ou, com mais propriedade, falar em Religiosidade, isto é, em um sentimento que não necessariamente se integra a uma formalização coletiva, institucional ou formal – é falar em uma das forças mais profundas de movimentação da humana e intensa busca pelo sentido de tudo que nos cerca.

A Religiosidade, retome-se, é uma percepção e uma conexão com a vida que procura captar, fruir e proteger tudo aquilo que ultrapassa a materialidade e imediaticidade do mundo, ou seja, um sentimento que deseja fixar os múltiplos e intrigantes significados da existência para além da sensação de tudo e nós mesmos sermos provisórios, passageiros, finitos e, portanto, precários e desnecessários.

O mesmo Rubem Alves, na conclusão do livro antes mencionado adverte:

> [...] o sentido da vida não é um fato. Num mundo ainda sob o signo da morte, em que os valores mais altos são crucificados e a brutalidade triunfa, é ilusão proclamar a harmonia com o universo, como realidade presente. A experiência religiosa, assim, depende de um futuro. Ela se nutre de horizontes utópicos que os olhos não viram e que só podem ser contemplados pela magia da imaginação. Deus e o sentido da vida são ausências, realidades por que se anseia, dádivas de esperança. De fato, talvez seja esta a grande marca da religião: a esperança. E talvez possamos afirmar, com Ernest Bloch: onde está a esperança ali também está a religião.

Há, no entanto, uma outra forte dimensão da Religiosidade: é o sentimento de agradecimento, intentando estabelecer um vínculo de gratidão e pertencimento a uma entidade amorosa, criadora e protetora, que, além da vida, nos dá sentido.

Como se pode notar, mesmo com o acúmulo de mais racionalidade, o que favoreceu a presença da "profecia" sobre a deportação do divino, isso não resultou em êxito.

Afinal, nos tempos atuais, vivemos num mundo marcado pela tecnologia e pela ciência, presentes em larga escala no nosso cotidiano, mas a religiosidade e a religião ganharam muito mais expressão, só que agora de forma diversificada e não monolítica como foram em grande parte da história. As pessoas têm uma possibilidade muito maior de se colocarem de fora do campo da religião, assim como o direito de fazê-lo de outro modo.

No âmbito do Brasil, nota-se uma reacomodação das expressões de religiosidade. Até 50 anos atrás, havia uma quase hegemonia do cristianismo romano católico, secundarizado por outras formas de cristianismo. Nesse ambiente, era nítido um modo de recusa às religiões de matriz africana, como o candomblé, ou sincréticas, como é o caso da umbanda; havia uma aceitação lateral do kardecismo de modo francês no Brasil, e as presenças islâmica e judaica eram mais reduzidas.

Nas últimas cinco décadas, com a urbanização acelerada, a comunicação se desenvolvendo de forma exponencial em termos de conectividade e a possibilidade de construção de uma democracia em que as instituições garantem a liberdade de pensamento, as pessoas ficaram mais propensas a expressarem seus vários modos de fé – ou mesmo a ausência de crença em alguma prática religiosa. Um sinal dessa mudança que pode ser observado nos últimos anos é a presença de espaços ecumênicos, e não mais uma exclusiva capela católica, em locais como aeroportos, cemitérios e hospitais.

Quando eu comecei a dar aula em 1977 na PUC-SP, se perguntasse na sala quem frequentava alguma igreja ou algum culto, quase ninguém responderia afirmativamente. Isso num contexto de anos 1970, em São Paulo, numa camada social média, dentro de uma instituição católica. Em resposta a essa pergunta, quanto feita 20 anos depois, em 1997, uma ou outra pessoa dizia "Vou a um centro espírita", "Vou a um local de umbanda", "Vou num templo budista".

• Crer ou descrer é direito? •

Nos dias de hoje, haveria ainda mais pessoas declarantes de algum vínculo, ainda que não praticantes assíduas ou frequentadoras dos templos. Há uma liberdade maior para negar e para afirmar, socialmente, alguma prática religiosa. Há um risco menor de repressões em relação às pessoas se exporem como crentes ou descrentes.

Nós agora não só temos a percepção da intolerância como também temos a tolerância como um valor de convivência. A ideia de intolerância não apareceria há 300 anos ou há mil anos, porque nem sequer havia a hipótese de alguém se colocar fora desse circuito. Quem o fizesse, era eliminado. A tolerância, portanto, não era ainda um valor, porque era meio óbvio que ninguém em sã consciência negaria os deuses ou o deus da maioria.

Agora a intolerância é cada vez menos tolerada, especialmente quando algumas pessoas remetem crentes, descrentes e divergentes ao reino dos fracos de espírito.

É preciso, contudo, sempre relembrar o alerta feito no início do século passado pelo sociólogo francês Émile Durkheim (1858-1917): "Não existe religião alguma que seja falsa. Todas elas respondem, de formas diferentes, a condições dadas da existência humana".

O que mais emerge para mim a partir dessa ideia de Durkheim, quando penso sobre o sentimento religioso, é uma afirmação que me inquieta faz décadas, expressa pelo escritor húngaro Arthur Koestler (1905-1983): "A distinção entre o verdadeiro e o falso aplica-se às ideias, não aos sentimentos. Um sentimento pode ser superficial, mas não mentiroso".

RELIGIÃO? UÉ, NÃO TINHA ACABADO?

CAPÍTULO 8

RELIGIÃO? UÉ, NÃO TINHA ACABADO?

Exuberância tecnológica, domínio progressivo de "segredos" da natureza, capacidade crescente de multiplicar a intervenção humana no planeta (e, cada vez mais, fora dele), aumento do tempo de vida e afastamento das causas da morte, velocidade estupenda nas comunicações...

O que nos falta fazer? Do que não seremos capazes? Já sondamos o espaço remoto e a profundidade do código genético; já podemos duplicar a vida em algumas de suas variadas expressões; já conseguimos prever parte das intempéries e nos protegermos minimamente contra elas; já somos hábeis em provocar os fenômenos físico-químico-biológicos e, eventualmente, até em controlá-los.

Terá chegado, enfim, o Reino da Razão? Atingimos o horizonte ansiado pelo Iluminismo do século XVIII e esboçado pelo cientificismo positivista do século XIX?

O Terceiro Milênio (na datação cristã-ocidental) abre-se como o patamar do triunfo da racionalidade, a Era de Ouro do Humano? Será possível, agora, decretar a falência das práticas religiosas, acusadas de serem moradas da superstição, da ignorância e do misticismo?

Mas o que fazer com o problema da origem profunda da raiz das razões ocultas? Onde desaguar as inquietações relativas ao sentido da existência? Como continuar a lidar com a obsessiva busca de resposta para a questão colocada antes, e que deu origem à Filosofia, à Ciência, à Arte e, especialmente, à Religião: "Por que é que existe alguma coisa, em vez de nada?"

Mais a Ciência avança, mais essas indagações se colocam. A persistente decifração do genoma humano ressalta a possibilidade (ou a necessidade?) de uma inteligência na organização dos códigos e operações nele contidos. As pesquisas e as explicações sobre a gênese deste universo, oriundas da cosmologia, aproximam os físicos contemporâneos dos teólogos e filósofos da Antiguidade. Da compreensão multicientífica dos relacionamentos interdependentes da biodiversidade emergem dúvidas sobre a fonte lógica desse ordenamento.

Essas preocupações, no entanto, são mais sofisticadas e intelectualizadas; fazem parte do âmbito do conhecimento e da verdade científica do mundo, às quais raramente nos dedicamos no cotidiano.

Há, individual ou grupalmente, temas mais próximos das angústias particulares: nossa finitude inexorável, a presença do mal e do desconhecido, a dificuldade em ancorar uma existência turbulenta e repousar em paz, a voracidade material, a luta incessante pela sobrevivência, o confronto com aparentes fatalidades, os embaraços cumulativos para a concretização de sonhos e desejos, a sensação de desamparo, a desesperança movida pela convicção sobre o exílio da felicidade, o apressamento e a vacuidade das relações interpessoais, a ruptura da convivência frutífera das gerações, a perda da noção de família como comunidade afetiva e protetora.

Para perplexidade dos restritivamente racionalistas, resiste, sem ficar destroçado, o impulso religioso. A religiosidade, um dos elementos fundantes da cultura, não naufragou em meio ao redemoinho da turbinada vida contemporânea; pelo contrário, alcançou outras dimensões e atingiu um multifacetado recrudescimento. Mudou de forma, mas não de substância.

Vive-se, neste vestíbulo milenar, uma espécie de *revival* religioso, marcado (grosso modo e respeitadas as especificidades nacionais) por três fenômenos mais amplos: a assunção da concepção individual de livre escolha religiosa, o avultamento do caráter espetacular das manifestações coletivas e a convivência contraditória entre a tolerância e o sectarismo.

O primeiro desses fenômenos, a *livre escolha subjetiva*, é mais comum em algumas sociedades ocidentais que, até há poucas décadas, apontavam a presença hegemônica do cristianismo, mormente na vertente católica. Nessas sociedades, a designação religiosa expressa pela maioria ganhava exclusividade quase oficial, constituindo-se em um comportamento padronizado e socialmente desejado. Não havia "permissão" para que a rejeição ao credo dominante e a opção por outra prática (ou, até, por prática alguma) se fizessem sem mecanismos de constrangimento.

A imagem de alguém na sua comunidade local, inclusive no escopo da política e dos negócios, estava atrelada à sua capacidade de expor-se publicamente como um praticante dos cultos majoritários. Mesmo os casamentos entre pessoas de religiões diferentes eram objeto de desprezo, principalmente porque a mudança de credo era encarada como traição, fraqueza de espírito ou motivo de desconfiança e repúdio.

No entanto, se havia alguma complacência com as doutrinas de origem oriental (como o budismo, o xintoísmo ou o hinduísmo), assimiladas como exóticas e cujos devotos eram aceitos como estrangeiros esquisitos, o convívio com as crenças afro-ameríndias e reencarnacionistas não era suportado; sinônimos de cultos "demoníacos" ou de "magia negra" e esoterismo ignorante, tinham de ser clandestinamente exercidas, e em muitos locais seus adeptos sofriam, além de tudo, perseguição do aparato estatal.

• Religião? Ué, não tinha acabado? •

Hoje, pela difusão mundializada das culturas e do padrão de consumo apoiado na suposta liberdade de escolha (tanto de ideias quanto de produtos), a afirmação do livre mercado invadiu o campo religioso nessas sociedades, conseguindo garantias legais e instrumentos sociais de proteção.

Se, por um lado, isso significa um valor positivo de respeito às decisões individuais e ao convívio democrático, por outro pode produzir distorções e volubilidades alienantes na procura da resolução de dúvidas existenciais.

Tal como ocorre em outros campos da vida cotidiana, fortalecem-se práticas de religiosidade *self-service*. Não é incomum alguém frequentar um culto cristão, acompanhar o horóscopo, examinar o mapa astral, ler o I Ching, consultar o tarô ou os búzios, participar de uma sessão espírita ou de umbanda, adentrar um terreiro de candomblé, abraçar o islamismo etc. Alguns, livres da coerção social, chegam a fazê-lo ao mesmo tempo; outros vão alternando adesões momentâneas e parciais. É um tipo de "fidelização" móvel, induzida também pela novidade e pela insatisfação emanada basicamente das dificuldades de encontrar algo que não se sabe muito bem o que é nem onde está.

Tudo isso aponta para um outro fenômeno (recente na forma mas não na intenção): a exigência de as estruturas formais da institucionalidade religiosa (as igrejas ou comunidades de crença) adotarem um comportamento que resgate o *caráter espetacular* existente no passado (especialmente em picos de adensamento urbano, como nas expressões arquitetônicas e ritualísticas das religiões greco-

-romanas, do catolicismo renascentista e da modernidade muçulmana). A interioridade e a intimidade dos templos e locais de culto é, em muitas situações, abandonada, de modo a favorecer a exibição de força e dimensão em praças, espaços abertos e estádios, com relevância quantitativa.

Com a finalidade de agregar mais adeptos e imporem-se na hegemonia, essas comunidades religiosas apresentam-se em grande estilo, demonstrando hiperbolicamente sua *marca* e sua *legitimidade*. Em uma "cultura de massas", que impregna a indiferenciação do consumo e da política de massas, não pode mais vigorar o arcaico "somos poucos, mas somos bons"; agora, precisa ser "somos bons porque somos muitos". Para tanto, é necessário produzir de modo contínuo eventos e espetáculos especiais, como forma de, repetindo os ritos, reforçar os mitos.

Não é casual, portanto, que (assim como acontece com alguns produtos e serviços) muitos agrupamentos religiosos façam sua reafirmação constante por intermédio do comparecimento e da inserção na mídia. Esta, por ser indistinta e dirigir-se ao genérico, tornou-se a mais poderosa ferramenta pedagógica. Remarca-se e insiste-se até saturar as mentes com a suspeita da necessidade de aderir àquele coletivo, de maneira que se ganhe identidade e força em meio à multidão ou, pelo menos, participe-se da mais nova atração.

Neste novo milênio do calendário preponderante, emerge, entrelaçada, a *convivência contraditória entre a tolerância e o sectarismo*. Na mesma época em que muitas sociedades propugnam e facilitam a preservação das diferenças religiosas, elas carregam sinais internos de arrogância de grupos e facções e atitudes de hostilidade. Essas evidências de intolerância, entretanto, são menos impactantes (porque mais restritas e sujeitas ao controle democrático) do que aquelas que escapam de suas fronteiras.

Estamos vivenciando, em inúmeras nações, o período histórico com a maior liberdade formal de escolha religiosa, comparável apenas, mas com vantagens, ao que existiu nos primórdios da fase imperial romana e à da Índia hinduísta (com suas mais de 300 milhões de deidades). Ao mesmo tempo, porém, despontam novamente arranjos políticos teocráticos, pouco permeáveis à "teodiversidade".

Assim, essa efervescência religiosa neste milênio pode tomar inéditas rotas; tem sido esfuziante e, às vezes, inesperada, e com certeza muitos são os cenários.

Coabitam, simultânea e convulsivamente, cânones da Ciência e convicções da Religião (melhor dizendo, das ciências e das religiões), em veloz intercâmbio que, em certos momentos, chegam a confundir os seus pressupostos, resultados, utopias e alienações. Ademais, há um convívio plural e tenso entre religiões ocidentais e orientais, reveladas e não reveladas, proféticas e sapienciais, primitivas e históricas.

Um sinal dos tempos? Não; é a audácia da reinvenção do humano. A humanidade, apesar de tudo (ou por isso mesmo), continua inconformada e grávida de esperanças.

RELIGIÕES PARA GENTES, NO PLURAL!

CAPÍTULO 9
RELIGIÕES PARA GENTES, NO PLURAL!

Agnóstico depois de adulto, o físico e cosmólogo inglês Freeman Dyson (1923-2020) conta, no livro *Infinito em todas as direções*, que, enquanto caminhava com a mãe pela catedral de Winchester, perguntou a ela por que existiam tantos tipos de igreja. A resposta foi: "Existem muitos tipos de gente. Se Deus quisesse só um tipo de igreja, não faria pessoas diferentes". Essa visão poética descreve como a religiosidade se manifesta de várias formas.

Tipos diferentes de gente e todas, sem exceção, gente. E gente pode fazer sua conexão com o sagrado de diversas maneiras. Gosto sempre de lembrar o alerta que o apóstolo Paulo registra na Segunda Carta aos Coríntios: "Tudo me é lícito, mas nem tudo me convém". Isso significa que eu *posso* fazer qualquer coisa (dado que sou livre), mas não *devo* fazer qualquer coisa, pois há coisas que precisam ser evitadas.

Entre elas, estão o desprezo às crenças alheias, a arrogância de quem supõe ser detentor exclusivo da fé, o cinismo daqueles que se proclamam autoridades de alguma igreja e se comportam como partido ou empresa. Essas pessoas, em vez do acolhimento como princípio, usam a ideia de tolerância como benevolência.

A despeito dessas condutas desviantes, a fé é fundamental para todos os seres humanos. Devemos tê-la do ponto de vista científico, artístico, político, filosófico ou religioso. Ela nos impulsiona a acreditar que algo vai acontecer ou que algo pode ser evitado, e esse pensamento está mais presente dentro da noção religiosa, pois se conecta à ideia de que "não sou sozinho no mundo".

Alguns creem que, pela força da fé, algo sobrenatural tem o poder de empurrar, apoiar e ajudar. Esse "deus" pode estar em todas as coisas, em um lugar maravilhoso, na natureza, em cada um de nós, ou fora da nossa possibilidade de alcance. E algumas respostas indicam que somos uma parte dessa "centelha" de divindade. Eu digo que Deus está onde vamos procurá-lo.

Existem vários tipos de gente, mas é necessário afirmar que somos todos da mesma espécie. Por isso não pode haver teodiversidade sem antropodiversidade. Só existe diversidade de religiões porque há diversidade de humanos.

Os cristãos atribuem a Jesus uma fala maravilhosa, registrada no capítulo 14 do Evangelho de João: "A casa do meu Pai tem muitas moradas". É uma referência à casa onde vamos habitar todos juntos, em que há muitos cômodos e todos cabem.

Não é casual que o cristianismo nas origens tenha cunhado para si mesmo a expressão "católico", que significa "universal". Um termo com significado ainda mais próximo para "casa de todos" é "ecumenismo", vindo do grego *oikoumenikós* na acepção de "aberto para todo o mundo".

Por isso, dizer que somos todos da mesma espécie inclui os que têm crença religiosa, os que não têm, os ateus, os céticos e os crentes. Se somos seres, o fato de sermos da mesma espécie e habitarmos a mesma morada é uma forma de dizer que não estamos sós.

Qualquer tipo de intolerância denota uma fratura ética em relação à convivência humana. A intolerância religiosa acentua esse caráter deletério, sobretudo quando se supõe que as religiões precisam e devam ser fontes de fraternidade, acolhimento e bondade para a humanidade.

Cabe observar que as religiões, além de terem sistemas de crenças em suas respectivas teologias, contam com os seus sistemas éticos, de prescrição da conduta correta e da punição da incorreta. Se há, como há, religiões que têm no seu aparato ético a admissão da possibilidade de eliminar aqueles que a elas não aderem, encontramos uma forte colisão com o princípio da fraternidade.

O preconceito religioso fica evidente quando a pessoa que não compartilha de uma determinada crença é vista não como diferente, mas como infiel e, desse modo, passível de ser segregada, apartada, ou, até, suprimida.

É estranho o preconceito religioso? Não, se entendemos a diversidade. Seria totalmente estranho se, no caso, todas as religiões tivessem o mesmo fundamento e ponto de partida. E ainda que se admita que o fundamento seja a existência de uma fonte amorosa divina da vida, a maneira de acessar essa fonte, de se relacionar com ela e de entender suas prescrições não é idêntica em todas.

Contudo, mesmo estranho não sendo, é inconveniente e repulsivo. É um preconceito acusativo, a qualquer custo, encarnando quase o lobo na fábula de Esopo. Lembra, a do lobo e do cordeiro?

No momento em que eles estão bebendo água, o lobo chega na beira do regato e fala ao cordeiro: "Você está sujando a água que eu estou bebendo". E o cordeirinho diz: "Não pode ser, porque eu estou bebendo abaixo de você". O lobo retoma: "Então, se não foi você, foi o teu irmão". O cordeiro replica: "Eu não tenho irmão, eu sou filho único". O lobo continua: "Ah, então não foi agora. Foi no ano passado". O cordeiro volta: "Mas eu não era nascido ano passado". O lobo persiste: "Então foi teu pai". E aí vai para cima dele.

Vale recordar que, até pouco tempo no Brasil, a abertura de um centro de umbanda ou de um local de prática de candomblé, qualquer das religiões com alguma referência à África Negra, por vezes demandava a autorização da polícia.

A discriminação não se dá apenas quando alguém, por exemplo, chuta um despacho de macumba. Ela se dá de maneira mais sutil, em relação a piadas, ao desprezo pela prática religiosa alheia, e também por sinais que são de natureza pública. Em vários cemitérios e hospitais públicos, existem capelas. E falo público, porque o público tem de ser laico. Não confunda laico com ateu. O Estado é laico, não é ateu. O Estado laico significa, pela nossa Constituição, que ele não pode nem favorecer nem prejudicar religião alguma.

Ora, a laicidade do Estado garantiria que hospitais e cemitérios públicos tivessem sempre um espaço ecumênico para que as pessoas pudessem exercer a sua prática religiosa. Ou seja, um espaço no qual não houvesse nenhum tipo de exclusão de religião praticada.

E piora quando junto ao preconceito religioso está o racismo. Isso significa vincular as religiões conectadas a uma população afrodescendente a "coisa do Diabo", "forças do mal", ou até defender de que "não é religião".

Aliás, é comum alguém que pertença a um grupo de religião majoritária não respeitar outras religiões e, por vezes, chamá-las de seitas. No Brasil, quando apareceram as religiões neopentecostais, sobretudo nos últimos 30 anos, algumas adotaram para os seus líderes o título de bispo, que na tradição ocidental está muito mais ligado às igrejas cristãs mais antigas. Durante muito tempo, jornais e revistas, ao mencionar o líder da igreja X ou Y, grafavam a palavra bispo entre aspas, como se o uso do termo fosse privilégio de algumas religiões e uma usurpação fora delas.

Nem sempre é o preconceito que transparece na mídia. Por vezes, a linha editorial revela a orientação religiosa do veículo de comunicação. Há emissoras de TV, rádio e jornal que, ao noticiarem a morte de alguém, usam: "Foi sepultado hoje o corpo de fulano". É uma menção religiosa de que só o corpo foi sepultado. Outras dizem: "Foi sepultado hoje fulano". Pode parecer detalhe, mas é um sinal da influência das religiões que fazem a distinção entre corpo e alma.

Nos livros escolares, observam-se imagens religiosas muito marcadas por uma iconografia de uma religião mais hegemônica. Eles não trazem outras expressões religiosas e, quando o fazem, são apresentadas como algo exótico. Nos livros em que eu estudei e em que alguns ainda estudam na educação básica, menções às religiões indígenas trazem expressões como "o deus Sol", "a deusa Lua" etc., de uma forma quase caricatural.

A ideia da religião como fator de união de pessoas, a partir da amorosidade como fonte da vida, teria de ser muito mais inclusiva do que separatista. É importante então que a noção de tolerância religiosa seja substituída pela noção de acolhimento. Tolerar é aguentar; acolher é receber.

Os orientais têm isto claro: firmeza mesmo não é a do carvalho, que possui rigidez, mas seus galhos se quebram diante de uma tempestade; firmeza é a do bambu, que se dobra no movimento do vento sem se romper e sem perder raízes.

Preconceito é arrogância e tolice. Como cito reiteradamente, há uma máxima chinesa que vale para o jogo e para a vida: "Não importa como foi a partida de xadrez. No final, o peão e o rei são guardados na mesma caixinha".

Então, abaixo a soberba e viva (literalmente) a fraternidade!

CIÊNCIA E RELIGIÃO: CONVERGÊNCIA E DIVERGÊNCIA

CAPÍTULO 10
CIÊNCIA E RELIGIÃO: CONVERGÊNCIA E DIVERGÊNCIA

No final do século XIX, a leitura de obras de natureza religiosa ou filosófica chegou a ser motivo de constrangimento para algumas pessoas. O alvorecer de um cientificismo triunfalista indicava que a Religião e a Filosofia, pouco práticas e nada comprováveis, ficariam circunscritas a um passado longínquo da humanidade.

Deslumbrado com o domínio da técnica e da tecnologia para a redenção da nossa espécie, o mundo ocidental parecia anunciar que Prometeu estava vingado. O "fogo dos deuses" finalmente atingira o seu ápice nas mãos do ser humano e, portanto, o Reino da Razão bania elucubrações e devaneios místicos. Territórios interditados, a Religião e a Filosofia passaram a ocupar o espaço da penumbra fútil ou supersticiosa.

A nova era surgia sob o signo do progresso. Ciência: o único e verdadeiro caminho para a libertação da humanidade – acreditavam alguns expoentes do pensamento da época. Não é casual que o francês Augusto Comte (1798-1857), na Primeira Lição de seu *Curso de Filosofia Positiva*, de 1828, tenha feito a classificação de "estado teológico, ou fictício" e "estado metafísico, ou abstrato".

Mais de um século transcorreu, e os avanços da ciência e da tecnologia se sobrepuseram em ritmo crescente: dores do corpo mitigadas, distâncias encurtadas, conexões estabelecidas, vidas prolongadas. As fronteiras do conhecimento se expandiram, com descobertas tanto dentro do corpo humano, como o deciframento do código genético, quanto para as galáxias, como a constatação da expansão do universo – feitos inegavelmente magníficos, extraordinários!

Ainda assim, o mundo do cientificismo não logrou oferecer respostas para algumas questões essenciais para nós, seres humanos. A procura pelo sentido persiste, e a racionalidade tecnicista não aplacou angústias e inseguranças do espírito.

Questões sempre retomadas aqui, como a origem do mal, a razão do sofrimento e a fonte da alegria, não obtiveram explicações completamente satisfatórias em meio a soluções tecnológicas. Em determinados aspectos, as modernidades dispositivas até exacerbaram angústias, algumas delas coletivizadas em larga escala. E a religião segue viva, representando um refúgio para um mundo cada vez mais ruidoso e ainda muito perturbador.

Pessoas que adotam uma fé específica precisam ter clareza de que a ciência e a religião não são adversárias, mas formas complementares de interpretar a vida.

É sabido que alguns cientistas renomados se autodeclaram ateus, e essa percepção faz parte de um processo que a ciência sempre carregou em sua história. Ela fornece algumas explicações de um mundo que procura ser laico em suas atribuições. Convém observar também que o ateísmo é uma convicção que qualquer pessoa tem o direito de ter. Mas esses posicionamentos não implicam supremacia da razão sobre a fé.

Como já mencionado, religião não é coisa de gente tola. Religião é coisa de gente. E tem gente que é tola em religião e tem gente que não é, assim como a ciência é coisa de gente, e tem gente que é tola em ciência e tem gente que não é.

Devo frisar que não acredito que os ateístas da ciência sejam tolos. O fato de o mundo apresentar a possibilidade de pensar no ateísmo é um estímulo à reflexão. Do mesmo modo, é salutar que os defensores de uma fé religiosa busquem elementos para sustentarem suas crenças. O ideal, sempre, é que a convivência seja acolhedora e respeitosa.

Afinal, ainda buscamos respostas e o desespero persiste! Por que tudo, e não o nada? Por que é? Por que deixou de ser? O filósofo e matemático francês Blaise Pascal (1623-1662), profundamente religioso, lançou a advertência em meados do século XVII: "Eu me assusto e me espanto por ver-me antes aqui do que lá, pois não há razão para antes aqui do que lá, para antes agora do que então".

Quase três séculos depois, o também filósofo francês Jean-Paul Sartre (1905-1980) estruturou seu existencialismo de um modo que muitos o caracterizam como ateu. Em sua relevante obra *A náusea*, ele menciona o "estado de abandono", ao formular que nada é assim porque assim deveria ser: "Tudo é gratuito, este jardim, esta cidade, eu mesmo. Quando acontece que a gente se percebe disso, vem um enjoo e tudo se põe a flutuar: eis a náusea [...] Todo existente nasce sem razão, dura por fraqueza e morre por acaso".

Por isso, a religião não é substituída pela ciência. Colocar a questão nesses termos é levantar uma ilusória contraposição. Ambas são formas complementares de explicações da vida. Hoje, ciência e religião se encontram lado a lado em várias circunstâncias. E são similares no fato de que nenhuma delas sozinha é suficiente.

A religião não nos deixa fora do mundo, e uma das formas de integração a ele é exatamente a nossa reverência ou a nossa submissão. Há uma incompreensão que precisa ter um sentido, e esse sentido se estrutura com a construção de razões, de explicações e, o melhor de tudo, de mistérios.

Como não há uma explicação única, exclusiva e nítida, o mistério constitui a força da explicação que, não vinda, é necessário acatar. O misterioso é especial, porque, como não é desnudado e só sugere, traz uma possibilidade maior de adesão. Quando tudo é muito transparente, a adesão tem um componente racional, e a racionalidade não é o mecanismo mais forte para adesões.

Um paralelo a isso é facilmente observado no futebol – o "misticismo da camisa" ou, evocando a criação do escritor e jornalista Nelson Rodrigues (1912-1980), o "sobrenatural de Almeida". Ao entrar em campo, o "sobrenatural de Almeida" explica o inexplicável. Trata-se do modo misterioso de lidar com as forças, das milhares de pessoas rezando para o seu time vencer e da divindade demandada para escolher qual lado vai ser favorecido.

Quem brinca com essa ideia é o pensador francês Voltaire (1694-1778), no livro *Cândido*, com a magnífica cena em que as forças se enfrentam em campo de batalha e os dois lados cantam o "Te Deum", a adoração da divindade, para serem vitoriosos.

A perplexidade é um dos impulsos para o sentimento religioso. Se eu não encontro uma razão, preciso inventar uma. "Eu não posso sofrer, eu não posso vencer, eu não posso escapar, sem que haja uma um sentido para isso."

Afinal, nós somos seres que procuramos relações de sentido, inclusive a mais óbvia, que é a de causa e efeito. Uma criança aprende desde cedo a conexão de causa e efeito: "se eu fizer isso, isso acontecerá", "se isso aqui está, há de ter uma origem".

O filósofo britânico David Hume (1711-1776) cria uma ideia difícil de assimilar no campo da validade do conhecimento: não se pode afirmar a relação de causa e efeito. Só se pode falar de precedência, que um evento veio antes de outro, e não que o ocasionou. Não seria possível dizer que soltar um objeto produziu a queda, somente que o soltar veio antes da queda. Como nós buscamos sempre a relação de causa e efeito, se encontramos um efeito e não encontramos a causa, ficamos perplexos.

Existe uma necessidade de ordenamento. Por que nós gostamos tanto de música? Primeiro, porque ela nos encanta pelo som, mas há algo mais forte, que é o fato de ela ser previsível depois que a aprendemos. Por que uma criança assiste sem parar a um mesmo desenho ou filme? Porque isso a acalma.

A sensação mais assustadora é não saber a sequência. O que mais nos deixa em estado de tensão é não termos controle sobre o que virá. Não é à toa que tanta gente goste do sistema digital de orientação, como o GPS, em que não se olha mais para fora, o quadrinho já mostra o caminho, diz se tem congestionamento, informa o que vem na sequência. É essa necessidade infantil de não se assustar por não saber o que virá.

Por não ter vivência, a criança assiste ao mesmo desenho, pede para o pai ou para a mãe contar a mesma história todas as noites. Isso a acalma. E uma das coisas que a religião e a religiosidade prometem é o encontro da serenidade.

O estabelecimento de rotina é exatamente essa ideia de que, por não ter uma compreensão de tudo que me cerca, preciso imaginar que estou no controle. A sala de controle, que é a minha cabeça, precisa ter capacidade de antecipação.

Nessa hora, eu preciso imaginar que isso é uma passagem, que não cessa, ou que estou conectado a uma complexidade tamanha, da qual eu sou uma parte importante. Por isso, eu preciso encontrar uma causa para os efeitos que estão à minha volta. Se eu encontro um corpo que cessa, enquanto não compreendo, fico em estado de agonia.

Se alguém sofre um infarto, a Ciência lida com os "comos", a Filosofia com os "porquês". O médico explica: "Ele infartou. O coração é um músculo e ele fibrilou". E alguém pode perguntar: "Mas por que ele morreu?" E o médico: "O coração é um músculo, ele pode sofrer um esforço intenso..." E a pessoa retrucar: "Doutor, eu não perguntei como, perguntei por quê".

Esse limite daquilo que é inexplicável não pode ser banalizado. Uma pessoa pode não encontrar essa explicação numa perspectiva religiosa e dizer: "Não existe uma força ou uma razão sobrenatural ou metafísica para isso. Faz parte da natureza". Está aí a explicação, uma lógica na própria natureza. "Assim é a vida."

Essa conformidade com esses caminhos não precisa ser mística, nem é necessário seguir, o que é mais usual, o caminho cético. "Eu não sei. Nem o porquê nem o não porquê. E se eu não compreendo, não opino. Como eu não sei, a reação diante disso é de indiferença."

Essa é uma possibilidade. Mas o número de pessoas que têm essa conduta é muito reduzido no conjunto da humanidade. A maioria possivelmente encontrará uma explicação no campo místico, isto é, a inconformidade vai se conformar quando ficar conexa a algo que ultrapassa a nossa razão, a nossa capacidade, a nossa força – portanto, até a nossa imaginação.

A Cosmologia, área do campo da Física, por exemplo, encontra os seus limites, assim como a Religião os encontra. A diferença é que a Religião recorre à noção de dogma, enquanto o dogma em Ciência seria limitador e desistente.

A Ciência trabalha com a noção de hipóteses, mistérios, energia escura – coisas que ainda não têm uma comprovação, mas, mesmo que uma pessoa que se dedica ao ofício científico não seja ateia, a Ciência, baseada no procedimento empírico, precisa ter um ateísmo metodológico. Em outras palavras, enquanto algo não for de fato experimentalmente comprovado, não se pode garantir sua origem e sua constituição, menos ainda buscar causas fora do mundo natural.

Daí a famosa frase que diz: "Ciência é ver para crer, e Religião é crer para ver".

E SE O NADA FIZER MAIS SENTIDO?

CAPÍTULO 11
E SE O NADA FIZER MAIS SENTIDO?

Em meio a tantas agonias e dúvidas que a racionalidade e a perplexidade com a existência carregam, não é estranho que desponte com alguma força também uma compreensão niilista da vida.

O que vem a ser uma pessoa niilista? Numa tradução literal, seria uma "nadista", porque o radical latino *nihil* significa "nada". Algumas pessoas ficariam inclinadas a dizer que se trata de alguém negativista, mas não é esse o sentido. Afinal, uma pessoa negativa é aquela que não encontra nada de positivo nas coisas, que está sempre em estado de desânimo, de desalento, que acha que tudo resultará em erro, em equívoco ou em desastre.

Não é essa a abordagem do niilismo, concepção filosófica que ganhou mais força a partir do século XVIII na Europa.

Em termos históricos, a expressão foi usada para designar aqueles que não acreditavam que a Revolução Francesa, de 1789, desse em algum resultado significativo.

Quem trará o tema para a Filosofia contemporânea, após a Revolução Francesa, será o antes mencionado Nietzsche, com uma reflexão mais profunda sobre o sentido positivo de se decretar a morte da esperança vazia.

Considerando algumas variáveis, seria o equivalente a dizer "Eu não posso esperar meras promessas", como as feitas por muitas religiões que dizem "Aguarde, que virá o momento em que você estará salvo no Paraíso". Se nisso acreditarmos, enfraqueceremos a nossa ação e começaremos a ancorar e apoiar as nossas convicções em bases sobre as quais não temos tanta certeza.

Ao não crermos em um sentido prévio, num valor em si da vida, seria possível dizer que teríamos de convocar a nossa prática consciente e determinada, em vez de escorarmos a nossa condição existencial em algo que pode ser uma mera imaginação, uma mera simbologia, ou, para usar um termo grego mais antigo, uma "quimera". Não seria o caso de usar a expressão "mentira", mas sim de empregar a noção de quimera relacionada a imagem sem fundamento, algo que confere um tom fantasioso à realidade.

Na Filosofia, um outro representante bem expressivo da noção de que a vida não tem um sentido prévio é Jean-Paul Sartre. Ele trouxe um ceticismo mais radical, no sentido de maior enraizamento, no qual a vida não tem uma razão prévia de ser; somos nós que a vamos construindo na existência. Daí a percepção de Sartre ser chamada de existencialismo: é uma forma de dizer que nós fazemos o sentido enquanto vivemos.

É disso que parte o vínculo que muitas pessoas fazem entre o niilismo e o existencialismo, como maneira de elaborarmos e edificarmos o sentido para a vida. Afinal, somos livres para fazê-lo, e como escreveu o próprio Sartre na obra *O ser e o nada*: "Eu estou condenado a ser livre". Isso se soma à clássica frase dele presente no livro *Saint Genet*: "O importante não é aquilo que fazem de nós, mas o que nós mesmos fazemos do que os outros fizeram de nós".

Visto desse prisma, o termo "niilismo" remete à concepção de que a vida não tem um sentido prévio, de que talvez nem tenha sentido algum e de que seguirá sem tê-lo. Por isso, para muitos, a existência é absurda e é inútil procurar algo para além daquilo que fazemos com a nossa liberdade. A sentença mais definitiva nesse escopo veio de fortíssima assertiva de Sartre na sua peça teatral *As mãos sujas*: "Tu és metade vítima, metade cúmplice, como todos os outros".

Ora, há religiões que libertam, pois oferecem a ideia da autonomia, da alegria, da amorosidade repartida. E há religiões com princípios que atormentam, ou seja, que colocam a pessoa o tempo todo numa percepção de pecado, de vida incorreta, de pânico.

Por isso, não dá para abordar o fenômeno religião como se ele tivesse uma única face. A religião pode impactar cada pessoa ou cada grupo de pessoas de modos diferentes. Há religiões que trazem uma certa alegria mesmo em momentos de ruptura, de privação, de morte. E há outras que fazem com que a pessoa se sinta atormentada o tempo todo.

Não se pode afirmar que a pessoa com uma prática religiosa mais intensa tenha mais serenidade para existir, que a vida dela seja menos turbulenta. Há pessoas que se sentem, de modo cotidiano, marcadas pelo erro, pelo desvio, pelo pecado, enquanto praticam sua religião. E outras, não, pois têm no seu campo da religiosidade uma forma de partilha da alegria.

O filósofo holandês Baruch Spinoza (1632-1677) falava da ética da alegria, em que a pessoa conduz a própria existência, entendendo a necessidade de elevar e proteger a vida. Pessoas sem qualquer tipo de crença religiosa podem ter serenidades, enquanto outras não necessariamente encontram esse alento.

Uma das coisas boas da condição humana é que nós não somos de um único modo, o que, portanto, oferece uma antropodiversidade e espelha a biodiversidade. Essa diversidade é que dá respostas diferentes a questões semelhantes.

Há pensadores que apresentam uma percepção da nulidade do sentido da vida. Haja vista o mencionado Sartre: a concepção existencialista sartriana não é negativista como desejo, mas como percepção da existência. Não é que assim se queira, mas é que o negativista no sentido sartriano dirá "Assim é".

Tal como o filósofo franco-argelino Albert Camus (1913-1960), Nobel de Literatura em 1957, dentro do seu niilismo, ao proclamar o absurdo da condição humana, trará essa noção de que a vida é absolutamente sem razão, e portanto a nossa ideia de que exista um sentido ou uma finalidade é mera ilusão.

Basta lembrar o que Camus anotou em *O mito de Sísifo*: "Se Deus existe, tudo depende dele e nós nada podemos contra a sua vontade. Se não existe, tudo depende de nós". Ou ainda, em outra de suas magníficas obras, *O estrangeiro*: "Mentir não é só dizer aquilo que não é. É também, e sobretudo, dizer mais do que aquilo que é e, no que diz respeito ao coração humano, dizer mais do que se sente".

Há outros filósofos contemporâneos de Sartre e Camus, que têm uma concepção religiosa, como o francês Gabriel Marcel (1889-1973), por exemplo, a qual pode se dizer que é um existencialismo cristão. Essa abordagem, cristã sendo, afirmava que uma pessoa só se realiza, torna-se real e autêntica, quando se reconhece como criatura de Deus e afirma Dele a transcendência, ou seja, a existência tem urgência da transcendência. Em *A Filosofia da existência*, Marcel escreveu: "O mundo em que vivemos permite – e pode até parecer aconselhar – o desespero absoluto, mas só um mundo assim pode dar origem a uma esperança invencível".

Essas questões de todos eles são muito fortes, se entendermos a não acolhida de um sentido explícito para a existência humana e, portanto, quase que beirando o estoicismo.

Quando se diz "Essa pessoa é estoica!", na maioria das vezes é uma referência a alguém que sofre sem reclamar. Mas, no campo da Filosofia, uma pessoa estoica é a seguidora da ideia de que é preciso viver conforme os desígnios que a vida coloca – não de modo conformado, mas serenado.

Isso decorre da noção de que a vida traz turbulências, alegrias, dores, infernos e paraísos, e que assim o é. E esse "assim o é" não é a ideia de "então, você se conforma", mas de você se acalmar, se tranquilizar, sabendo que uma vida virtuosa não se deixa afetar por tudo que é perturbação à sua volta. A vida será boa, portanto virtuosa, caso você não se rebele contra aquilo que não há o que se possa fazer, porque já está feito nas circunstâncias colocadas.

Logo, a sabedoria consiste em ser feliz, abdicando das paixões, no sentido de *pathos*, aquilo que lhe afeta. Assim, significa viver com serenidade, quase que dizendo: "O que tem de ser, será".

Pode-se dizer: "Mas isso é conformidade". Não obrigatoriamente. Pode ser também um mecanismo de aceitação de que diante daquilo que está à volta, sobre o qual não há nada que se possa fazer, resta seguir com a vida de modo sereno, ou, brincando com o poeta paranaense Paulo Leminski (1944-1989), em seu haicai em que sugere não um negativismo, mas uma tranquilidade: "Pra que cara feia? Na vida ninguém paga meia".

A procura contínua por uma harmonia no existir revigora a inclinação para que haja uma maior espiritualidade.

• E se o nada fizer mais sentido? •

Há cansaço comum em relação a uma vida atribulada, marcada pela pressa e pela urgência, e isso nos leva a procurar repouso, que é oferecido pela espiritualidade, em busca de um sentido da reverência da vida e da conexão com a sacralidade da essência que, muitas vezes, fica sufocada por um cotidiano que nos tira o tempo de pensar sobre essas coisas.

Não creio que isso seja passageiro; ao contrário, acredito que é uma revolução espiritual muito premente, cujo movimento mais robusto é a questão da ecologia. Não me refiro à ecologia somente como proteção de outras espécies de vida, mas também como uma ecologia interior, para equilibrar a relação com a família, com o mundo e com a religião.

Portanto, que a espiritualidade ofereça com mais rigor um equilíbrio de nossa existência. É a capacidade de reverência à vida e de recusa ao "biocídio", de dizer não ao assassinato da vida em suas múltiplas manifestações.

É necessário, sim, haver uma recusa ao biocídio e uma prática de espiritualidade que não se esgote no indivíduo, mas se espalhe pela condição do conjunto da fraternidade, da solidariedade, e da preciosa conjectura sobre a transcendentalidade.

SOU LIVRE!
SOMOS LIVRES!
E AGORA?

CAPÍTULO 12

SOU LIVRE! SOMOS LIVRES! E AGORA?

"Você tem o livre-arbítrio!" Essa expressão, muito usada no nosso cotidiano, tem origem nos campos da Filosofia e da Teologia, incorporada ao mundo do Direito. Livre-arbítrio é a ideia de arbitrar a própria vida, a própria decisão, a própria conduta.

A noção de livre-arbítrio vem desde o século V como sinônimo de escolha, de possibilidade de avaliar e decidir o que fazer. Essa ideia traz desdobramentos complexos e levanta questões bastante intrincadas na Teologia ocidental.

A começar pelo fato de que na tradição hebraica – depois na cristã e na islâmica – a vida é colocada como criação, como objeto de uma vontade, portanto, como um começo. É uma visão diferente da cultivada por gregos e romanos, que não consideravam a existência do mundo o resultado de uma criação, mas sim um processo de ordenamento dos deuses diante da eternidade.

Ao trabalhar com a noção de vida como criação, uma "encrenca" teológica vem à tona e desemboca na discussão sobre a origem do mal – pois, se a divindade foi a criadora de tudo, criou o mal também. E por que o fez? Dito de outra forma, se a maldade é resultante da criação da divindade boa, que bondade é essa que gera essa condição malévola?

No século V, quando, no Ocidente, o cristianismo começa a se estruturar como prática religiosa mais volumosa, Agostinho de Hipona (354-430), por muitos chamado de Santo Agostinho, oferece uma resposta que impacta a Filosofia e a Teologia, ao reafirmar que Deus, na sua infinita bondade, criou-nos e, mais que isso, criou-nos livres. Todas e todos – o que Agostinho chamava de "multitude de gente" – somos livres. Livres, inclusive, para o equivocado, para o mal.

Agostinho nos diria que Deus não criou o mal; o mal é a privação do bem! Ele diz que o mal não existe por si mesmo. A nossa inclinação é para elevar a vida. Cada recusa nessa direção se configura como uma privação do bem. Por isso, o mal não tem uma presença como ente, não é objeto de uma criação, mas uma escolha humana, de quem decidiu afastar-se do bem.

Na fala de Agostinho, Deus criou a escolha livre, mas nós, humanos, criamos a possibilidade de escolher o equivocado. Essa formulação até hoje produz dissensões e polêmicas no debate filosófico e teológico.

No judaísmo, antecedendo e inspirando tudo isso, a fonte da ideia de maldade também é vista como escolha. Os primeiros humanos foram alertados sobre o que não deveriam fazer; portanto, se fizeram foi porque quiseram. Essa é uma grande distinção da ética e da teologia judaico-cristãs, adotada em parte pelo islamismo.

Mas a vida é plena de tragédias, pode-se dizer! Contudo, o uso dessa expressão é em vários momentos equivocada (retomo aqui um arrazoado que usei em outras ocasiões), pois supõe um fatalismo ou uma desdita da qual não há saída, como se o destino tivesse decidido por nós, homens e mulheres, e só nos caberia agora lamentar ou praguejar!

Não é bem assim. Podemos afirmar conscientemente a natureza dramática das nossas miserabilidades sem que elas ganhem um caráter trágico. Tragédia e drama não são a mesma coisa, nem no teatro nem nas práticas cotidianas.

"Tragédia" é tudo aquilo que está fora de qualquer controle humano, isto é, o que não conseguimos impedir, só aceitar resignadamente. Basta lembrar que a própria origem do termo designava na antiga Grécia um gênero teatral cujo final sempre terminava em desgraça, por mais que personagens tentassem afastar quaisquer consequências catastróficas. Aliás, sabemos ser "tragóidia" (*trágos*, "bode" + *oidé*, "canção") o "canto do bode", dado que, para aplacar a ira dos deuses, em várias cerimônias havia o sacrifício daquele animal.

E "drama"? É ação plena de aventuras, desventuras, tramas, dificuldades, sempre com a possibilidade de intervenção humana e solução ao nosso alcance. No drama não há forças invencíveis que nos impeçam definitivamente de fazer nossas escolhas, tomar decisões e aproveitar possibilidades.

É só lembrar: a seca é trágica, enquanto a fome por causa dela é dramática; a inundação é trágica, enquanto o desabamento de casas em área de risco é dramático; o terremoto é trágico, enquanto as mortes por falta de abrigo são dramáticas. O inevitável é trágico; o evitável é dramático.

O mundo greco-romano trabalha com a percepção de que a vida é tragédia. Nessa perspectiva, não existem escolhas que possam ser feitas livremente, porque os deuses, por conta e risco, apreciam se divertir conosco, manipular-nos, favorecer-nos de modo seletivo, e também nos fustigam.

Essa visão trágica será afastada pelo judaísmo e pelo cristianismo mais adiante. A visão cristã e judaica é dramática, não trágica. Quando Satã, o inimigo, instala-se, ele nasce a partir de um anjo decaído, que adquiriu essa condição por decorrência de uma opção. A noção de escolha é muito marcante em várias concepções religiosas.

Então, nesse caso, sou livre ou somos livres? Seria a minha liberdade ou a nossa liberdade? Ora, é preciso ligar a formulação do valor da liberdade de cada pessoa ao valor da liberdade de todas as pessoas, desaguando na fraternidade.

Há muito tempo uso uma expressão que tem um sentido ético importante. Digo que a frase "A minha liberdade acaba quando começa a do outro" é muito frágil para aquilo que imagino como correto.

A minha liberdade não acaba quando começa a do outro. A minha liberdade acaba quando acaba a do outro. Se algum ser humano não for livre, nenhum ser humano é livre. Se alguma criança não for livre da fome, da falta de escola, da ausência de carinho, ninguém é livre. Se alguma mulher não for livre da violência, da brutalidade, do sexismo, ninguém é livre. Se alguma pessoa não for livre da falta de um trabalho digno, de um lazer sadio, ninguém é livre.

Reitero: isso significa que a minha liberdade não acaba quando começa a do outro, mas quando acaba a do outro. Porque, insisto, ser humano é ser junto.

Esse princípio implica que nós tenhamos a necessidade de olhar a outra pessoa como uma outra *pessoa*. Eu até gosto muito de algo que veio para nós do idioma espanhol, vez ou outra do italiano, que é a primeira pessoa do plural no plural. Nós usamos em português, em inglês e em francês, por exemplo, a primeira pessoa do plural no singular: "nós" e "eles". O espanhol fala *nosotros*. Eu gosto demais dessa expressão. Em alguns momentos, até de forma romântica, propus que começássemos a usar no nosso idioma, o português, "nós outros".

Afinal, quando eu falo "nós outros", eu acabo dando uma marca que é necessária. Quem são os outros de nós mesmos? O mesmo que nós somos para os outros, isto é, outros. E não estranhos.

Os latinos têm uma expressão para "eu", que é *ego*, e usavam duas para "não eu": uma delas é *alter*, que significa "o outro", e outra é *alius*, que significa "o estranho", de onde veio a ideia de "alheio", "alienígena", *alien*. A noção de *alter* gerou a percepção de alteridade.

Quando nós passamos a conviver em comunidades mais extensas, em que as relações de poder tinham de ser concertadas, mediadas, de maneira que nós não nos estragássemos uns aos outros, que não fizéssemos mal ao outro, foi necessário trazer à tona a visão de alteridade – olhar a outra pessoa como outra, e não como estranha, como alguém de fora, como forasteira, como estrangeira. Nesse sentido, a noção de alteridade implica a minha capacidade de ver a outra pessoa também como ser humano, tal como o sou, e, portanto, alguém com quem partilho a vida e, nesta, a liberdade.

Essa é a razão pela qual temos de prestar muita atenção a um princípio que nos vem das religiosidades orientais, que é o da compaixão. De acordo com ele, eu também vou sofrer com a outra pessoa, não apenas porque a vejo sofrendo, mas porque ela é alguém como eu sou. Nesse sentido, compaixão não é se colocar no lugar de outra pessoa, mas estar ao lado dela naquilo que a aprisiona, que a faz sofrer, que impede a sua liberdade decente.

De novo, a liberdade só existe como exercício pleno se eu for capaz de tê-la entre outras pessoas que também a têm. Quando só eu a tenho, só eu sou livre, só eu tenho condição de exercício, eu não posso fazê-lo de modo mais pleno. Aliás, bastará olhar ao lado para fraturar aquele meu momento de fruição daquilo que importa.

A menos que eu seja tolo e absolutamente malévolo, perceber que só eu consigo preservar-me quando outros à minha volta também precisam fazê-lo e eu ficar orgulhoso disso, como se fosse uma disputa para ver quem fica vivo, só na má escolha cabe.

Não é tragédia; é dramaticamente, com outras pessoas, fazer boas escolhas, tornando verdadeiros a reverência, o respeito e o zelo pela vida!

ORA ET LABORA!

CAPÍTULO 13

ORA ET LABORA!

Uma pessoa que faça da fé uma alavanca para superar adversidades reunirá mais forças para construir caminhos melhores. Alguém que tenha muita crença na possibilidade da cura ganha mais energia para combater a doença.

Porém, é necessário praticar o que tão bem foi ensinado pelo monge italiano Bento de Núrsia (480-547), mais conhecido como São Bento em alguns ramos cristãos. Ele fundou a Ordem dos Beneditos e para esta criou o lema em latim *Ora et labora* ("Reza e trabalha").

Reza e trabalha! É um dístico que nos serve de referência, pois se apenas rezarmos sem trabalharmos as coisas não acontecem. E se somente trabalharmos sem reverência, sem agradecimento, as coisas perdem sentido e propósito.

Essa é uma questão central, porque há pessoas que dizem: "Estou rezando muito para isso dar certo". Eu costumo perguntar: "E o que mais?" Ou falam: "O nosso país precisa se recriar, reinventar-se na convivência, na harmonia política, na capacidade de construir paz social. Estou rezando muito por isso". E eu pergunto: "E o que mais está fazendo?" Uma diz: "Há pessoas que padecem dos efeitos do frio. Estou rezando muito por elas". Eu: "E o que mais?"

É claro que a oração tem o seu lugar, mas a ação é aquilo que vai buscar a solução e o que marca o caminho do propósito. Evidentemente, nós não podemos nos esquecer do quanto a reverência à vida é necessária, mas ela não basta. É preciso que também empreendamos ações para mudar aquela determinada condição.

A grande questão é: "Qual é o nosso propósito?" O que orienta a nossa prática, o que leva você e a mim a tomarmos uma direção em detrimento de outras? O que impulsiona a nossa atividade, o investimento do nosso tempo e da nossa energia? Muitas pessoas falam: "É preciso fazer com que a vida valha a pena".

É curioso haver o termo "pena", que está ligado à ideia de sofrimento, de sentença recebida. De fato, a vida é complexa, é difícil e nos traz a certeza da nossa finitude. Como eu lembro sempre, a morte para mim não é uma ameaça, mas uma advertência. É como se me dissessem: "Você não tem toda a eternidade para que a sua presença não seja banal, fútil, insignificante". Isso implica escolha.

Existem várias formas de pensar a vida, que a colocam como sendo o nosso tempo, o nosso lugar, a nossa forma de existir no mundo.

Quando São Bento diz "Reza e trabalha", cada pessoa escolhe se vai fazer e como o fará. A ação, o trabalho, aquilo que faz com que as coisas aconteçam nos exige questionar: "Qual a razão de fazermos o que fazemos?"; "Qual o sentido?", tanto na acepção de direcionamento (para onde vai?) quanto na de significado (por que é feito?). "Faço valer a pena?". Mas qual é "a pena"? A pena é passar por uma vida que tem turbulências e dificuldades.

Em sua obra *Baú de espantos*, de 1986, o estupendo poeta gaúcho Mário Quintana (1906-1994) escreveu com extrema sabedoria: "Um dia... Pronto! Me acabo. Pois seja o que tem de ser. Morrer: que me importa? O diabo é deixar de viver".

E "deixar de viver" não significa apenas o falecimento do corpo. Deixar de viver é deixar de ter fertilidade, de ter presença, de ter relevância enquanto vivemos. São as nossas mortes em vida no dia a dia: morte da esperança, morte do propósito, morte da efusividade, morte da vitalidade. E Mário Quintana fez valer a pena, como alguém que passou a vida construindo encantamentos.

Porque uma vida sem esperança é uma vida infernal. Uma existência infernal tem a ver com uma incapacidade de viver.

O escritor italiano Dante Alighieri (1265-1321) desde jovem era apaixonado por Beatriz, que, por sua vez, era casada. Dante não tinha como se aproximar dela, mas toma coragem e começa a se corresponder com a amada. No início desse contato, no entanto, Beatriz morre. Dante encontra alternativa para a impossibilidade, criando esperança por intermédio da literatura, e escreve uma das obras mais relevantes da literatura ocidental, que é *A comédia*, também chamada *A divina comédia*.

Na obra, Dante procura Beatriz no mundo dos mortos, que na era do pré-Renascimento cristão se entendia como dividido em Paraíso, Purgatório e Inferno. Para encontrar Beatriz no Paraíso, ele tem de atravessar o Inferno e o Purgatório. Quem o conduz nessa ficção é o poeta latino Virgílio (70-19 a.C.), autor da *Eneida*. O primeiro lugar em que eles chegam é o Inferno, em cuja entrada estava escrito: "Deixai fora toda a esperança vós que entrais". Esse enunciado mostra que o Inferno é o lugar em que a esperança não tem vez. Uma vida infernal, uma convivência infernal, uma cidade infernal, um emprego infernal têm como marca a falta de esperança de mudança, de melhoria.

Para sair do "inferno", a ação é requerida! Não qualquer uma, e sim aquela reflexiva, meditada e decente. Não é fácil, nem impossível, sempre tendo a clareza de que falavam nossos avós: não há mal que sempre dure, nem bem que nunca se acabe – e também o contrário (que não é contrário): não há bem que sempre dure, nem mal que nunca se acabe.

Para ultrapassar atribulações é necessário afastar a autopiedade, por maneira extremamente cômoda de acondi-

Ora et labora!

cionar as nossas fraquezas. Há pessoas que se sentem mal por algo que elas alterariam, mas acabam encontrando na autopiedade que sentem algum nível de satisfação, porque aquilo dá a elas uma razão para permanecer naquela condição. E há quem se rebele contra a autopiedade e vá buscar o que pode ser buscado.

Essa é a diferença entre alguém que enfrenta a vida com coragem, alegria e clareza dos percalços, e alguém que prefere retrair-se e atribuir ao impossível todas as intempéries.

Quanto à frustração, há uma receita óbvia para se chegar até ela: colocar-se objetivos que não são exequíveis. Existe uma diferença entre sonho e delírio. Um sonho tem que ter factibilidade, ser passível de realização. O delírio é o desejo que não é realizável. Aquilo que gera a alegria do esforço é o sonho. O delírio resulta em frustração.

"Ah, mas eu sonho e rezo para ser sempre feliz!" Perigo! Alguém que supuser que será sempre feliz será tonto, porque só os tontos são felizes o tempo todo, já que não entendem o que acontece à sua volta. E só tontos são tristes o tempo inteiro.

Por um lado, quem deseja a felicidade como um ponto futuro nunca conseguirá tê-la. Afinal de contas, a felicidade não é um lugar a que se chega, é uma circunstância eventual. Alguém que deseja um dia ser feliz não o será, porque está entendendo a felicidade como um estado permanente – e ela não o é. A felicidade é episódica.

Por outro lado, alguém que é continuamente infeliz não está permitindo que a felicidade apareça. É aquele que prefere residir dentro de uma perspectiva pessimista a abrir a porta e a janela para o sol entrar. O sol não entra o tempo todo, nem entra por todos os lados. Mas há momentos em que ele entra. E nessas horas a gente tem que ter disponibilidade para permitir que isso aconteça e, mais do que tudo, prestar atenção para não mergulhar em ilusões.

O risco das ilusões ficou mais ampliado nestes nossos tempos pela presença nem sempre benéfica da altissonante tecnologia e das redes sociais, não só de contatos mas também de exibição, o que traz à tona um conselho que chega do século V, quando o citado Santo Agostinho adverte: "Não sacia a fome quem lambe pão pintado". Em outras palavras, você não vai matar a sua fome se lamber só o desenho do pão.

Tem muita gente no mundo virtual que está lambendo o desenho e achando que será saciada. Nunca a imagem do sanduíche na propaganda corresponde ao que ele é na realidade. A carne não é tão consistente, nem o queijo é tão bem derretido. Existem diferenças entre a simulação e o concreto. Por isso, as redes sociais favorecem em certa medida o autoengano.

Há quem viva tanto o mundo virtual, que não consegue existir no real sem sofrer em excesso, porque o virtual é mais acolhível, mais receptível, mais suportável. A vida concreta nem sempre é assim. É preciso ter cautela com

• Ora et labora! •

simulacros, com aquilo que é mera representação e não carrega o que a realidade tem, que é perfume e fedor.

É fato uma alternância na natureza: a um inverno inclemente sucede uma primavera vicejante. São ciclos. Não significa fingir que tudo está bem, mas permitir que, quando as coisas bem estão, deixar que cheguem; e que, quando bem não estão, sejam enfrentadas com serenidade, persistência, paciência e inteligência.

Existem pessoas que se rendem com muita facilidade ao escuro. Mas o escuro faz parte e, como bem cantou Nelson Cavaquinho (1911-1986): "O sol há de brilhar mais uma vez". É preciso deixar fluir em nós aquilo que faz com que a vida não seja desperdiçada.

Isso é ter propósito, bem orientado pelo que mostrou Aparício Torelly, autodenominado Barão de Itararé (1895-1971), e que não canso de enunciar: "A única coisa que você leva da vida é a vida que você leva".

Por isso, uma vida com propósito, uma vida com valor, é aquela que cultiva a esperança. Mas sempre acompanhada da ação, como preconizava São Bento.

Ora et labora!

COMO VOCÊ "GANHA" A VIDA?

CAPÍTULO 14
COMO VOCÊ GANHA A VIDA?

Uma das presenças mais fortes em várias religiões é a da encarnação da maldade, como um ser satânico (vindo do hebraico *satã*, na acepção de "inimigo"), diabólico (do grego *diabolôs*, "o que desune"), demoníaco (no latim eclesiástico *daemonium*, "espírito do mal").

O Diabo, entendido por muitas pessoas como figura real, pode ser algoz ou parceiro, pode ser perturbador ou colaborador; quando se dispõe a ajudar, quer algo em troca, e quase sempre é a "alma" da pessoa, ou seja, ser proprietário para sempre da própria pessoa.

No meu entender, a melhor obra literária no Brasil sobre a presença do Diabo e sobre uma negociação com o próprio é *Grande Sertão: Veredas*, de Guimarães Rosa (1908-1967). O livro se ambienta em um sertão inóspito, difícil, com rarefação de recursos naturais. Já a expressão "veredas" simboliza uma passagem, uma alternativa, uma saída. No mundo da roça, vereda se refere ao lugar que tem água, alguma mata, umidade, aquilo que se poderia chamar de oásis. Em outras palavras, no meio do sertão ou do deserto, tem um lugar onde a vida habita, cresce.

A personagem principal é Riobaldo, que passa boa parte da obra dizendo uma frase absolutamente verdadeira: "Viver é muito perigoso". E a última vez no livro em que ele diz a frase, acrescenta: "Sempre acaba em morte".

Se sempre acaba em morte, para que a vida? Mas ela acaba mesmo? E se desejarmos "veredas"?

As religiões têm sua forma própria de recusar ou ultrapassar a morte. E todas, sem exceção, carregam a crença de que seres humanos mortais têm algo imortal, que, de alguma forma, migra para outro plano. Esse "algo" pode receber denominações variadas: alma, espírito, fagulha ou centelha divina.

Não há registro de tantas religiões que trabalhem com a ideia da finitude humana na terra. Se alguma delas aceita que a nossa caminhada termina aqui, perde um pouco da conexão com o conceito mais robusto de religião, como admissão da transcendência.

É genial quando, por exemplo, o poeta mato-grossense Manoel de Barros (1916-2014), já bem idoso, ao ser perguntado como se sentia em relação à idade, respondia: "Eu não estou indo em direção ao fim. Eu estou indo em direção às origens".

• Como você "ganha" a vida? •

Apesar disso, nem todas as religiões veem a fase posterior à morte do mesmo modo. Aliás, esse é um fator que as diferencia. Algumas religiões asiáticas, por exemplo, acreditam que voltaremos à nossa fonte original, como se cada ser fosse uma gotícula de água. Já religiões como judaísmo, islamismo e cristianismo professam a fé na existência de uma alma que sobrevive à finitude da matéria.

Essas três grandes religiões não são reencarnacionistas, e sim ressurreicionistas. Embora no judaísmo e no cristianismo, e em algumas versões particulares do islamismo, a ideia de reencarnação seja aceita, essas três grandes religiões trabalham com a noção de que a alma pode ir para um paraíso ou para um inferno, em seus vários modos de representação. Cultivam a ideia de que haverá a volta da alma para um corpo místico, não padecente, não sofredor, que estará no seu esplendor. Especialmente o cristianismo fala em ressurreição dos mortos. É diferente de reencarnação, em que a alma, uma partícula específica e individual, vai migrando durante gerações para corpos diversos.

Os retornos também são contemplados pelo hinduísmo e pelo budismo, por exemplo, que professam que o indivíduo reencarna dentro de um processo de mudança, que não é necessariamente de melhoria. Essa é uma concepção mais presente na crença dos espiritualistas, especialmente na vertente espírita ou, na situação mais comum no Brasil, dos kardecistas, que veem a reencarnação como uma oportunidade de melhoria, de depuração. Para os espíritas,

149

a cada reencarnação o indivíduo vai galgando estágios de maior pureza e aprimoramento.

Entendida desse modo, "perder a alma" ou "vender a alma" seria o mesmo que entregar a possibilidade de alcançar a eternidade, no lugar do perecimento, e, para não o fazer, carece-se de coragem, tamanhas são as tentações e seduções.

Olha que sabedoria! Não é casual que uma das frases mais conhecidas da obra de Guimarães Rosa seja esta: "O correr da vida embrulha tudo, a vida é assim: esquenta e esfria, aperta e daí afrouxa, sossega e depois desinquieta. O que ela quer da gente é coragem". Coragem para fazer, coragem para ir adiante, coragem para mudar.

Na obra, coragem era exigida de Riobaldo para cumprir o seu objetivo, que era eliminar outro jagunço. Sedento pela vitória, ele faz um pacto com o Diabo. E quando se faz esse tipo de negociação, o que se entrega é a alma, embora o romance não deixe claro (de propósito!) se Riobaldo encontrou o Diabo de fato e se o pacto aconteceu...

Independentemente de você ter alguma religião ou alguma crença do que seja alma, a ideia de ser propriedade de alguém a quem você entregou a alma é muito forte. Você terá uma relação de servidão com uma fonte demoníaca, malévola.

Quando Guimarães faz Riobaldo lidar com essa questão, ele está trazendo a nossa humanidade à tona. Porque várias vezes na vida ficamos pensando: "o que estou fazendo?", "por que eu estou fazendo desse modo?", "por que eu penso sobre isso?", "por que eu não vou inocentemente seguindo sem refletir, sem me perguntar sobre os meus propósitos?"

Quando decidimos não ter uma vida automática, robótica, alienada, é para sermos livres e vivermos com intensidade, para sermos donos e donas da nossa história, das nossas escolhas. Afinal, a liberdade é uma das maiores marcas de uma vida plena.

Qual é a primeira palavra que o ser humano aprende a dizer? "Não". Assim que começa a balbuciar, a produzir os primeiros sons, as decisões são explicitadas. Você vai com a colher, e vem um "não". Põe a mamadeira, o bebê recusa. "Não!" Você quer pegá-lo, ele solta o corpo. "Não!" Só quem pode dizer "não" pode dizer "sim". A liberdade como um propósito é marcante na trajetória humana.

Perder a alma, portanto, significa entregar a própria liberdade. Quem faz um pacto com o Diabo abdica de seu protagonismo, da sua identidade.

Há uma frase extremamente inquietante, atribuída a Jesus de Nazaré, registrada no Evangelho de Marcos, capítulo 8, versículo 36: "De nada adianta uma pessoa ganhar o mundo, se ela perder sua alma". Logo, toda pessoa que se vende vale menos do que pagaram.

Pode ser alguém com poder econômico ou poder político, mas se esse poder foi obtido de forma ilícita, em que a pessoa teve de vender a alma, não terá paz de espírito e ficará atormentada pela própria consciência, em que a vida se põe a perder...

No nosso dia a dia, é muito usual a pergunta: "Como você ganha a vida?" Há alguns anos, ela tinha um sentido muito laboral, de "o que você faz?", "qual é o seu trabalho?". De fato, essa expressão tem esse sentido de obter o sustento. Mas há um segundo sentido nela embutido, que é: "o que você faz para não perder a vida, para não vender a sua alma?"

A Filosofia lida muito com isso no campo da ética e da moral. Por exemplo, o pensador alemão Immanuel Kant (1724-1804) tratou de modo profundo essa questão. Dentre as reflexões sobre a temática da conduta cotidiana, há uma síntese de Kant com a seguinte ideia: "Tudo que não puder contar como fez e nem o que fez, não faça". Claro! Porque se há razões para não contar, essas são as razões para não fazer.

Por isso, volto a Guimarães Rosa, que diz que "a vida quer da gente é coragem" – coragem inclusive para mudar a rota. A pergunta "como você ganha a vida?", no fundo, é sobre escolhas. Indaga qual é o seu propósito, qual a razão daquilo que você faz, como recusa o pacto com o Diabo.

Como apontei, ao fim do romance, Riobaldo não tem certeza se o Diabo de fato existe e se o seu pacto valeu. Na noite em que fora a uma encruzilhada fazer o pacto, o Diabo não apareceu, mas aconteceu a eliminação do inimigo de Riobaldo. Então, mesmo desconfiado, ele imagina que o acordo foi selado. Se aquilo foi uma ilusão ou um fato, é indiferente.

• Como você "ganha" a vida? •

No campo ficcional da obra, a trama nos faz refletir sobre o que significa perder a alma. O que vale é nos perguntarmos para que direção caminham nossas escolhas.

O que faço para que, naquilo que faço, eu não perca a minha vida? Em outras palavras, como é que eu ganho a vida, sendo capaz de, assim, preservar a minha integridade e a minha dignidade?

SAINDO

NA VIDA, QUEM PARTE PARTE?

SAINDO

NA VIDA, QUEM PARTE PARTE?

Vez ou outra, quando alguém diz "Quero viver bastante", sempre emendo com um "Eu, da mesma forma, mas só se isso acontecer também com as pessoas a quem amo"...

Minha mãe, Emília, faleceu com 93 anos de idade. Teve uma vida extensa, tomando por base a média de vida da população atual. E o fato de ter vivido mais trouxe inúmeras exuberâncias e uma dificuldade: a dor de perder muita gente. Muitas pessoas, muitos amores, muitos afetos ficaram pelo caminho. Isso pode propiciar mais agonia do que alegria, a depender da incidência.

Recordo do que também vivenciou o genial arquiteto brasileiro Oscar Niemeyer, que chegou aos 104 anos de idade. Era uma referência no mundo da arquitetura, alguém que foi capaz de deixar marcas em vários lugares do planeta. E certamente a vida também deixou marcas nele. Cinco meses antes de falecer, Niemeyer teve de sepultar a filha, à época com 82 anos de idade.

O primeiro pensamento pode ser o de que a pessoa com tanta idade, ainda que com tantas perdas, acostuma-se. Contudo, há algo nessa dor que é muito difícil de lidar: o fato de que cada pessoa é única.

Há uma frase que circula por aí, que diz que "Ninguém é insubstituível". Eu discordo veementemente de tal afirmação. Há muitos anos, eu falo e escrevo que ninguém é substituível. Porque o que pode ser substituído é o que eu faço, e não a minha pessoa. Aquilo que eu faço outra pessoa pode fazer, se ela aprender, se ela tiver condição de fazê-lo. Mas aquilo que eu sou, ninguém é.

A expressão "Ninguém é insubstituível" tem a intenção de estipular que todo mundo vale a mesma coisa, no sentido negativo. Mas, ao contrário, ninguém é como a outra pessoa é, do modo como ela o é. Como lembro com frequência, *eu sou único* no universo, mas isso não significa que sou *o único*.

Isso precisa ficar claro. Antes de eu, Cortella, aparecer, o universo não era como é. E quando eu me for, ele não será como é agora. Mas eu não sou o único.

Eu sou absolutamente inédito, ninguém foi como eu sou, nem será na minha totalidade. Não se trata de uma postura arrogante, é uma perspectiva de individualidade e de unicidade. Ninguém é como eu sou, mas eu não sou o único que sou. Eu sou o único que é do meu modo. Eu tenho pontos de conexão e similitude com outras pessoas. Mas o modo como eu sou, o arranjo do que a vida é em mim, é exclusivo.

Alguém pode trocar o meu cargo, a minha atividade. Outra pessoa pode ser professor, pode ser comentarista de mídia. Mas aquilo que eu sou, ninguém o será de maneira alguma.

Quando o escritor inglês John Donne (1572-1631) passa a ideia de que *"Cada vez que morre alguém, a minha humanidade diminui"*, é porque, embora eu não seja idêntico à outra pessoa, exceto na dignidade, o modo como sou sofre uma perda quando a humanidade reduz a sua condição.

Se nós passarmos a admitir a ideia de que ninguém é insubstituível, nossa aceitação das mortes em profusão, em larga escala, será marcada pela indiferença. "Bom, tudo bem. Sai um, chega outro." E não é assim. Cada pessoa que parte é uma identidade, uma unidade que se despediu dos seus convívios. Ela fará falta. Ela precisa fazer falta, porque é única. Mas ela não é a única, existem outros.

Eu não gosto da frase "Ninguém é insubstituível" nem no âmbito das empresas, porque é sempre ameaçadora, não é reflexiva. Ela serve para passar a mensagem: "Tome cuidado, porque ninguém é insubstituível, portanto você também é descartável".

Eu queria reforçar um conceito que defendo em várias ocasiões: reconhecer as diferenças não significa elogiar as desigualdades. Homens e mulheres somos diferentes, não somos desiguais. Nordestinos e sudestinos somos diferentes, não somos desiguais. Brancos e negros somos diferentes, não somos desiguais. A diferença é um dado de natureza biológica, econômico, social, cultural e histórico. Mas a igualdade é um dado ético.

Usando a expressão caipira: "Que nem que eu, só eu". Mas não sou só eu que sou. Há outros que também são outros e outras. Por isso, o nosso encontro se dá neste grande arquipélago com todas e todos, em que vamos fazendo pontes. E com algumas pessoas eu não sou obrigado a conviver de maneira próxima. Posso não querer estar com uma determinada pessoa, esse é um direito meu e dela. Mas não posso querer que ela desapareça. Só preciso querer que ela não nos faça mal, porque alguém que quer o mal ou ameace uma comunidade, seja quem for, onde for, em que época for, tem que ser impedido de fazê-lo. Alguém pode dizer: "Ué, e o direito dela?" O direito dela cessa quando ela quer prejudicar, rebaixar uma comunidade de vida.

Porque cada um de nós precisa empreender todo o esforço possível para não tornar a vida infernal – "Ô vida infernal", "Empresa infernal", "Ô cidade infernal", "Ô casamento infernal", como costumam reclamar. A ideia de inferno é aquilo que nos consome e para o qual não vemos saída. É aquilo que nos leva a entrar em desespero. O inferno é a ausência de esperança. E uma forma de trazer a esperança à tona é buscar o propósito daquilo que se faz na vida.

Quando alguém me pergunta "Por que você faz o que faz?", na condição de docente eu poderia responder: "Esse é o meu meio de ganhar a vida". E estou usando a expressão no duplo sentido: ganhar a vida como sustento e ganhar a vida como sentido para minha própria vida. Faço isso para que de fato um dia eu possa, no final do caminho, sentar e pensar: "O meu propósito foi cumprido, deu certo!".

Isso honra a caminhada. E depois dela, o que fica é falta nas pessoas. Quando eu me for, eu quero fazer falta. Quero que as pessoas sintam a minha falta.

Mais uma vez, vale evocar o genial poeta Mário Quintana, que tinha a intenção de deixar escrito no túmulo dele o seguinte epitáfio: "Eu não estou aqui". Claro que não está ali. Onde está Mário Quintana? Está em nós. Na amizade que repartiu, na solidariedade que ofereceu, na religiosidade que assumiu, na honestidade que defendeu, na afetividade que conquistou, na grandiosidade da obra que construiu.

Nesse sentido, uma vida fértil ou feliz e com propósito é aquela em que você e eu possamos, sim, ser lembrados por algo de bom que deixarmos nas pessoas, algo que transcenda a nossa duração do tempo material, que nos leve a honrar a vida!

Ficar é fazer falta. Por isso: admitir ficar, sem fazer falta? Deus nos livre!

> # LEIA TAMBÉM

MARIO SERGIO CORTELLA

QUAL É A TUA OBRA?

INQUIETAÇÕES PROPOSITIVAS
SOBRE GESTÃO,
LIDERANÇA E ÉTICA

25ª Edição revista e atualizada

Sabedorias para PARTILHAR!

MARIO SERGIO CORTELLA

VOZES NOBILIS

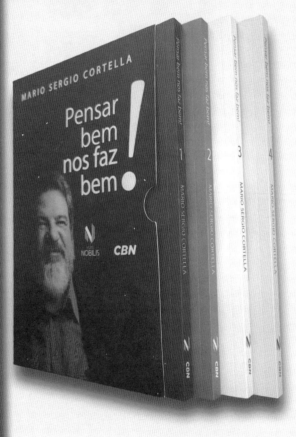